FP教本

所得税

目 次 contents

第1章 所得税の仕組み

第1節 わが国の税制

第2節 所得税の基本的事項

第3節 所得税の計算

第2章 各種所得の内容と計算

第1節 利子所得

第8節　雑所得

第9節　退職所得

第10節　山林所得

第3章　損益通算

第1節　損益通算の仕組み

第2節　損失の繰越し・繰戻し

第4章 所得控除

第1節 所得控除の仕組み

第2節 各種所得控除

第5章 税額控除

第6章　所得税の申告と納付

第1節　源泉徴収

第2節　確定申告

第3節　青色申告

第4節 納付

第7章 個人住民税と個人事業税

第1節 個人住民税

第2節 個人事業税

第 **1** 章

所得税の仕組み

第1節

わが国の税制

❶ 税法体系

(1) 納税義務と租税法律主義

日本国憲法は、30条において「国民は、法律の定めるところにより、納税の義務を負ふ」として、日本国民の納税義務を定めている。

また、84条において「あらたに租税を課し、又は現行の租税を変更するには、法律又は法律の定める条件によることを必要とする」として、租税法律主義を定めている。したがって、課税要件と賦課、徴収に関する手続は、原則として、法律によって規定されなければならない。

(2) 税法の体系

わが国の税法は、〔図表1-1〕のような体系で成り立っている。

① 国税通則法

租税法の体系的整備と国税に関する法律の明確化を目的とし、各税目の総則的・通則的な規定を定めた法律である。

② 国税徴収法

国税の滞納処分の手続、国税とほかの債権の優先・劣後の関係などの規定を定めた法律である。

③ 国税犯則取締法

国税に関する犯則事件の調査・処理の規定を定めた法律である。

④ 個別法

各個別の税目について、課税要件（納税義務者、課税対象、課税標準、税率）などを定めた法律である。

〔図表 1 − 1〕税法の体系

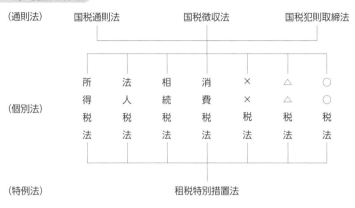

⑤ **租税特別措置法**

　各国税に対する特別措置を定めた法律であり、個別法に優先する。

(3) 税制の基本的考え方

① **申告納税制度**

　申告納税制度とは、国民自らが租税法規に基づき、自らの納付すべき税額を計算し確定させ、申告・納税する制度である。日本では、多くの国税および一部の地方税において申告納税制度が採用されている。

② **賦課課税制度**

　賦課課税制度とは、納付すべき税額が租税行政庁の賦課決定により確定する制度である。多くの地方税では賦課課税制度が採用されている。

❷ 税の分類

(1) 国税と地方税

　わが国には、現在約50種類の税金がある。これらの税金は、課税主体が国か地方公共団体かによって国税と地方税に分けられる。地方税はさらに、道府県税と市町村税に分けられる〔図表1－2〕。国税は税務署が管轄し、道府県税は都道府県の税務事務所、市町村税は市町村の税務課が管轄している。

　また、一般財源であり、税金の使途の制限がないものを普通税といい、税金の使途が特定されているものを目的税という。

　なお、地方税には、地方税法により税目が法定されているものと、地方自治体が独自に条例を定めて課するもの（法定外税）とがある。2000年4月施行の地方分権一括法による地方税法改正で法定外目的税が創設されたことにより、その地域独自の税を持つ自治体が増えている（東京都の宿泊税や熱海市の別荘等所有税など）。

〔図表1－2〕税の種類と区分

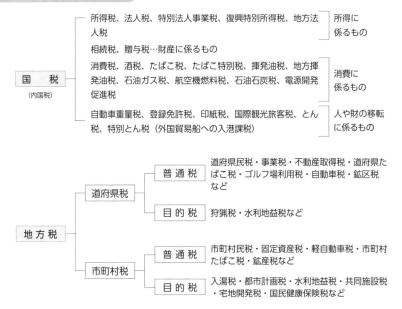

〔図表1－3〕 直接税と間接税

分　類	主　な　税　目
直接税	所得税、法人税、相続税、贈与税、都道府県税、市町村税、固定資産税、自動車税　など
間接税	消費税、酒税、たばこ税　など

(2) 直接税と間接税

　納税を行う義務のある者を納税義務者という。また、実際に税金を負担する者を担税者という。両者の関係から税金を、納税義務者と担税者が一致する直接税と、納税義務者と担税者が同一でない間接税に分類することができる〔図表1－3〕。

第2節

所得税の基本的事項

❶ 納税義務者の範囲

　所得税は、原則として、個人（個人事業主を含む）が1月1日から12月31日までの暦年単位で得た所得に対して課税される。納税義務者は原則として個人であるが、例外的に法人に対しても、法人が預金の利子や株式の配当を受け取ったときには源泉徴収という形式で所得税が課税されることがある。また、所得税は日本国籍を有する者や日本に本社を有する法人だけでなく、日本に居住する外国人や外国に本店のある法人に対しても課税される〔**図表1−4**〕。

　なお、法人でない社団または財団で、代表者または管理者の定めがあるもの（これを人格のない社団等という）は、法人とみなされる。

❷ 納税地

　所得税の申告書は原則として、納税地を所轄する税務署長に提出することになる。日本国内に住所^{（注）}がある場合は、原則として住所地が納税地となる。なお、住所のほかに居所や事業所がある場合は、税務署長に届け出ることにより、居所地、事業所等の所在地を納税地とすることができる。

注 「住所」とは各人の生活の本拠をいい、生活の本拠であるかどうかは客観的事実によって判定することになる。したがって、住民登録をしてある場所とは限らない。なお、会社員の場合、勤務先は事業所でも居所でもないので、納税地として選択することはできない。

〔図表1-4〕所得税の納税義務者と課税所得の範囲

〈個人の納税義務者〉

	種類	定義	課税所得の範囲	課税方法
居住者	非永住者以外の居住者	居住者のうち非永住者以外の者	すべての所得（日本国内および国外で生じたすべての所得）	申告納税または源泉徴収
	非永住者	居住者のうち、日本国籍を有しておらず、かつ、過去10年間のうち日本国内に住所または居所を有する期間の合計が5年以下である個人	日本国内に源泉のある所得および外国に源泉のある所得のうち、日本国内で支払われたもの、または国外から送金されたもの	
非居住者		居住者以外の個人	日本国内に源泉のある所得	

(※) 居住者とは、日本国内に住所（生活の本拠）を有し、または引き続いて1年以上居所（現実に居住している場所）を有する個人をいう。

(※) 個人が同一年中に上記の区分のうち2以上に該当する期間を有する場合、それぞれの区分に該当する期間に応ずる課税所得が所得税の課税対象となる。

〈法人の納税義務者〉

種類	定義	課税所得の範囲	課税方法
内国法人	日本国内に本店または主たる事務所を有する法人	日本国内で支払われる利子、配当、給付補てん金など	源泉徴収
外国法人	内国法人以外の法人	日本国内に源泉のある所得のうち、土地建物の譲渡の対価（1億円以下で個人の居住用に売却するものを除く）、不動産の貸付の対価、利子、配当など	

❸ 収入金額

(1) 収入金額の計算

　所得金額を計算する場合の**収入金額**は、その年において「収入することが確定した金額」によって計算する。たとえば、その年において販売代金の一部が未回収の状態であっても、その販売代金の全額を収入金額として計上することになる。

　また、販売代金などを金銭ではなく、それ以外の物や権利、その他経済的利益により収入する場合には、これらを収入するときの価額（時価）によって収入金額を計算する〔図表1-5〕。

〔図表1－5〕収入金額および必要経費

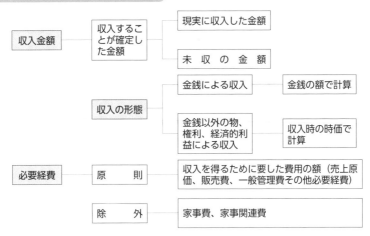

(2) 収入金額とされる保険金、損害賠償金等

① 保険金、損害賠償金、見舞金

　棚卸資産、山林などについて損失を受けたことにより取得する保険金、損害賠償金 (注)、見舞金は、収入金額に代わる性質を有するので、収入金額に算入することになっている（棚卸資産、山林の損失金額は売上原価等として必要経費に算入する）。また、工業所有権、著作権などについて損失を受けたことにより取得する損害賠償金等についても、工業所有権、著作権の損失は営業侵害による損失であり、侵害がなければ実現したであろう売上に代わるものであるから、収入金額に算入することになる。

(注) 固定資産について受けた損失に対する保険金、損害賠償金は所得税では原則として非課税となる。

② 補償金

　業務の全部または一部の休止、転換または廃止などの事由によって、その業務の収益の補償として取得する補償金などは、その業務の収入金額に算入する。

④ 必要経費

　所得金額を計算する場合の必要経費は、収入を得るために直接要した経費に限られる。自分や家族の生活費・医療費・教育費などの「**家事上の費用**」や「**家事関連費**」は、原則として**必要経費に算入することはできない**。ただし、「家事関連費」は一定の場合に業務遂行上必要な部分が必要経費となる。また、所得の種類によって必要経費の内容や計算方法などが異なるので注意を要する。なお、給与所得や退職所得、公的年金等に係る雑所得については、必要経費に代えて収入金額から一定の算式で計算した「給与所得控除額」「退職所得控除額」「公的年金等控除額」を差し引く仕組みになっている。

⑤ 非課税所得と課税所得

　所得税は、原則としてすべての所得に対して課される。しかし、社会政策上の配慮や二重課税の排除などの趣旨から、所得税法やその他の法律により、特定の所得については、原則として申告や申請の手続を要することなく、所得税を課さないこととしている。これを**非課税所得**という。主な非課税所得には、〔図表1－6〕がある。

　また、非課税所得に似たものに**免税所得**がある。非課税所得は、原則として申告や申請等の手続を要することなく所得計算の段階から除外されるが、免税所得は所得の申告や申請等の手続を要件として所得税の納付が免除されるものであり、たとえば肉用牛の売却から生ずる所得等がある。

〔図表1-6〕主な非課税所得

(1) 所得税法および租税特別措置法に規定する非課税所得
① 当座預金の利子および納税準備預金の利子
② 少額預金・少額公債(それぞれ元本350万円以下のもの)の利子等で、障害者等が受ける、いわゆる「マル優」等の適用部分(事前届出が必要)
③ 追加型株式投資信託の元本払戻金(特別分配金)
④ 勤労者財産形成住宅貯蓄および年金貯蓄の利子(原則として元本合計が550万円以下のもの)
⑤ 傷病者・遺族の受ける恩給および年金
⑥ 給与所得者の旅費および職務上必要な現物給与
⑦ 給与所得者の通勤手当のうち一定額以下のもの(電車やバス等の交通機関を利用して通勤している場合、経済的かつ合理的な方法で通勤した場合の運賃等の額で、月額15万円までが非課税となる。マイカーや自転車で通勤している場合、片道の通勤距離に応じて、非課税となる限度額が定められている)
⑧ 生活用動産の譲渡による所得(貴金属や宝石・書画・骨とう等の場合、1個または1組の価値が30万円を超えるものは所得税の課税対象となる)
⑨ 破産手続等強制換価手続またはこれに準ずる任意換価手続による資産の譲渡による所得で、その譲渡の対価が債務の弁済に充てられたもの
⑩ 相続税を物納した場合の譲渡所得または山林所得(相続税額を限度)
⑪ 損害保険金、損害賠償金、慰謝料等
⑫ 相続、遺贈または個人からの贈与による所得(相続税、贈与税の課税対象となる。法人からの贈与により取得するものは所得税の課税対象となる)
⑬ 学資に充てるため、または扶養義務者相互間で扶養義務を履行するために給付される金品
⑭ 葬祭料、香典または災害等の見舞金で、その金額がその者の社会的地位、贈与者との関係に照らして相当と認められるもの
⑮ 国または地方公共団体に財産を寄附した場合の譲渡所得等(公益法人に財産を寄附した場合で国税庁長官の承認を受けた場合を含む)
⑯ 公職選挙法の適用を受ける選挙の候補者が選挙運動に関し、法人から贈与された金品(選挙管理委員会に報告されたもの)

(2) 所得税法等以外の法律に規定する非課税所得
① 国民健康保険の保険給付(国民健康保険法68条)
② 雇用保険法により支給を受ける失業等給付(雇用保険法12条)
③ 生活保護法により支給を受ける保護金品(生活保護法57条)
④ 当せん金付証票(宝くじなど)の当せん金品(当せん金付証票法13条)
⑤ 労働者災害補償保険の保険給付(労働者災害補償保険法12条の6)

(3) その他の非課税所得として、①児童手当、②高校の実質無償化、③児童扶養手当、④求職者支援給付などがある。また、(未成年者)少額投資非課税制度により開設した(未成年者)少額投資非課税口座内の少額上場株式等に係る配当所得および譲渡所得等がある

(※) 非課税所得となるものは、上記のほかにも数多くある。

実務上のポイント

- 電車やバス等の交通機関を利用して通勤している給与所得者の通勤手当は、合理的な運賃等の額で、月額15万円を上限に非課税とされる。
- 電車やバス等の交通機関を利用せず、自家用車や自転車で通勤している給与所得者の通勤手当は、片道の通勤距離に応じて、一定の限度額まで非課税となる。
- 生活の用に供していた貴金属を譲渡したことによる所得は、1個または1組の価額が30万円以下であれば非課税とされる。

第 **3** 節

所得税の計算

❶ 計算の手順

　所得にはさまざまな性格のものがあり、所得税法では所得をその発生形態に応じて10種類に分類している〔図表1－7〕。これは、さまざまな種類の所得に一律の所得計算式を適用することで課税上の公平性を欠くことなどに配慮したものである。

　そこで、所得税の計算においては、まず、所得の種類ごとに所得金額を算出することが出発点になる。そのうえで、以下の手順により税額を求める。

① 　所得税法はすべての所得を総合して課税する**総合課税**が原則であるため、まず各所得金額を合計する。この合計金額を**総所得金額**という。しかし、所得のなかでも、**山林所得**と**退職所得**については、通常、毎年継続的に発生する所得ではないため、総合せずにほかの所得と分離して課税する（実際は租税特別措置法などにより、土地建物等の譲渡や株式等の譲渡、先物取引による雑所得なども分離して課税される）〔図表1－8〕。

② 　次に、3つにまとめた所得（総所得金額、山林所得金額、退職所得金額）から一定の順序で、雑損控除、医療費控除、配偶者控除、扶養控除などの**所得控除額**を差し引いてそれぞれの**課税所得金額**を求める。

③ 　この課税所得金額に税率を乗じて**算出税額**を求めて合計し、この合計額から**税額控除額**を差し引いて**所得税額**を求める。

　　算出税額の合計額から差し引く税額控除には、二重課税を排除するための配当控除、外国税額控除、住宅政策促進のための住宅借入金等特別控除、政党等寄附金特別控除などの制度がある。

④ 　実務的には、この所得税額から、さらに**源泉徴収税額**を差し引き、**申告納税額**を求める。最後に申告納税額から**予定納税額**を差し引いて、**納付税額**を求める〔図表1－9〕。

〔図表1-7〕所得の分類

所得の種類	内　　　　容
①利子所得	①預貯金および公社債の利子 ②合同運用信託、公社債投資信託および公募公社債等運用投資信託の収益の分配による所得 利子所得の金額＝収入金額
②配当所得	法人から受ける剰余金の配当、利益の配当、剰余金の分配、基金利息、公社債投資信託および公募公社債等運用投資信託以外の投資信託の収益の分配、特定受益証券発行信託の収益の分配による所得 配当所得の金額＝収入金額－株式などを取得するために要した負債の利子
③事業所得	農業、漁業、製造業、卸売業、小売業、サービス業などの事業による所得 事業所得の金額＝総収入金額－必要経費
④不動産所得	不動産、不動産の上に存する権利または船舶等の貸付による所得 不動産所得の金額＝総収入金額－必要経費
⑤給与所得	俸給、給料、賃金、歳費および賞与ならびにこれらの性質を有する給与による所得 給与所得の金額＝収入金額－給与所得控除額（または特定支出の金額のうち一定額）
⑥譲渡所得	資産の譲渡による所得（棚卸資産、山林の譲渡、その他営利を目的とする継続的な資産の譲渡による所得を除く） 譲渡所得の金額＝総収入金額－（取得費＋譲渡費用）－特別控除額
⑦一時所得	営利を目的とする継続的行為から生じた所得以外の一時の所得で、労務、その他役務または資産の譲渡の対価としての性質を有しないもの（懸賞の賞金、競馬の馬券の払戻金、生命保険の満期の場合に受ける一時金など） 一時所得の金額＝総収入金額－その収入を得るために支出した金額－特別控除額（50万円）
⑧雑所得	①から⑦までおよび⑨⑩以外の所得（公的年金等、非営業貸金利子、一般の人の原稿料など） 雑所得の金額＝（公的年金等の収入金額－公的年金等控除額）＋（公的年金等以外の総収入金額－必要経費）
⑨山林所得	山林の伐採または譲渡による所得（ただし、取得後5年以内に伐採または譲渡した場合は事業所得か雑所得になる） 山林所得の金額＝総収入金額－必要経費－特別控除額（50万円）
⑩退職所得	退職手当、一時恩給、その他退職により一時に受ける給与などによる所得 退職所得の金額＝（収入金額－退職所得控除額）×$\frac{1}{2}$ (※)

（※）勤続年数5年以下の役員等に対する退職金については、2分の1は適用されない。

〔図表1-8〕税額計算の概要

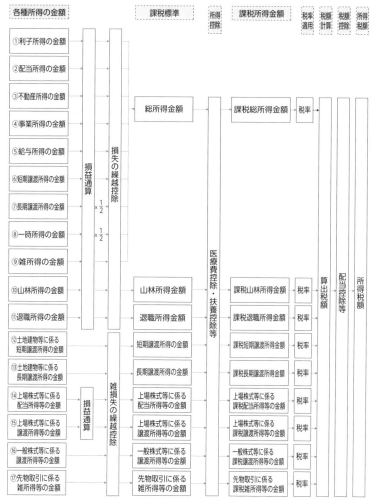

（※1）⑫～⑰は分離課税の所得。また、源泉分離課税となる利子所得、金融類似商品の収益、申告不要を選択した配当所得等は総所得金額には含まれない。

（※2）⑭上場株式等に係る配当所得等の金額は、⑮上場株式等に係る譲渡損失の金額と損益通算できる。

（※3）⑬について、居住用財産の譲渡損失等一定のものは損益通算の対象になる。

（※4）2016年1月1日から⑭に特定公社債等の利子所得等が、⑮に特定公社債等の譲渡所得等が追加された。

第1章

〔図表1-9〕税額計算の方法

（※1）課税所得金額に1,000円未満の端数があるとき、またはその全額が1,000円未満であるときは、その端数金額
　　　またはその全額を切り捨てる。
（※2）特例税率以外は総合課税の税率。
（※3）土地等に係る事業所得等の金額の課税の特例は、2026年3月31日までの間、適用が停止されている。

◆納付税額の計算

| 所 得 税 額 | － | 源泉徴収税額 | ＝ | 申告納税額 |

| 申告納税額 | － | 予定納税額（第1期、第2期分） | ＝ | 確定申告により納付する税額（第3期分） |

（※）申告納税額に100円未満の端数があるとき、またはその全額が100円未満であるときは、その端数金額または
　　その全額を切り捨てる。

2 税額の計算

　課税総所得金額に総合課税の税率を乗じて算出税額を求める際には、通常は〔図表1-10〕の速算表により求める。所得税の税率は、所得金額が大きくなればなるほど、その率が高くなる**超過累進税率**となっている。

算出税額

課税総所得金額×総合課税の税率（超過累進税率）

〔図表1−10〕所得税の速算表

課税所得金額	税率	控除額	課税所得金額	税率	控除額
195万円以下	5%	—	900万円超 1,800万円以下	33%	153.6万円
195万円超 330万円以下	10%	9.75万円	1,800万円超 4,000万円以下	40%	279.6万円
330万円超 695万円以下	20%	42.75万円	4,000万円超	45%	479.6万円
695万円超 900万円以下	23%	63.6万円			

　なお、課税退職所得金額についても課税総所得金額と同じ税率〔図表1−10〕によって税額を計算する。また、課税山林所得金額については、課税山林所得金額を5分の1にした金額に課税総所得金額と同じ税率〔図表1−10〕を乗じ、算出された金額を5倍した金額が税額となる（**5分5乗方式**、第2章参照）。

❸ 総合課税と分離課税

(1) 総合課税

　総合課税となるものは、①利子所得（申告不要を選択したものを除く）、②配当所得（申告不要・申告分離課税を選択したものを除く）、③不動産所得、④事業所得、⑤給与所得、⑥譲渡所得、⑦一時所得、⑧雑所得の8つの所得である。

🈡 利子所得、配当所得、事業所得、譲渡所得、雑所得については、一部分離課税となるものがある（〔図表1−8〕参照）。

(2) 申告分離課税と源泉分離課税

　一方、分離課税となるものには、申告分離課税と源泉分離課税がある。

　申告分離課税は確定申告をして税額を納める所得で、①山林所得、②退職所得、③申告分離課税を選択した上場株式等に係る配当所得等、④土地等に係る事業所得等、⑤土地建物等の譲渡所得、⑥株式等の譲渡に係る譲渡所得等、⑦先物取引に係る雑所得等がある。これらはそれぞれ独立して課税所得を計算し、個別に税率を適用して税額を算出する。

　これに対し、所得税、住民税が源泉徴収（または特別徴収）され課税関係が終了する（確定申告の必要はなく、することもできない）のが**源泉分離課税**である。国内で支払を受ける利子所得や金融類似商品と呼ばれる定期積金、抵当証券、期間5年以下の一時払養老保険などの利息や差益はこの源泉分離課税扱いとなる。

❹ 復興特別所得税

　2013年1月1日から2037年12月31日までの間に生ずる所得に対する所得税に係る基準所得税額（税額控除後で外国税額控除を適用しない場合の所得税額）に、2.1%を乗じて計算した金額が所得税額に上乗せされる〔図表1−11〕。

　なお、復興特別所得税は各種源泉徴収税額に対する所得税の額に対しても、2.1%を乗じて計算した金額が上乗せされる。また、2013年1月1日から2037年12月31日までの間に生ずる分離課税される所得に対する所得税の額に対しても、2.1%を乗じて計算した金額が復興特別所得税として上乗せされる。

〔図表1−11〕復興特別所得税上乗せ前後の主な税率（参考）

所得税・個人住民税の税率・源泉徴収税率（総合課税・退職金の源泉徴収）

課税される所得金額	上乗せ前			上乗せ後		
	所得税率	住民税率	合計	所得税率	住民税率	合計
195万円以下	5%		15%	5.105%		15.105%
330万円以下	10%		20%	10.210%		20.210%
695万円以下	20%		30%	20.420%		30.420%
900万円以下	23%	10%	33%	23.483%	10%	33.483%
1,800万円以下	33%		43%	33.693%		43.693%
4,000万円以下	40%		50%	40.840%		50.840%
4,000万円超	45%		55%	45.945%		55.945%

土地・建物の譲渡所得の税率（分離課税）

区　分	上乗せ前			上乗せ後		
	所得税率	住民税率	合計	所得税率	住民税率	合計
長期譲渡所得（5年超）	15%	5%	20%	15.315%	5%	20.315%
短期譲渡所得（5年以下）	30%	9%	39%	30.630%	9%	39.630%

報酬等の源泉徴収税率（弁護士・税理士報酬、原稿料・講演料など）

区 分	上乗せ前			上乗せ後		
	所得税率	住民税率	合計	所得税率	住民税率	合計
100万円以下の部分	10%	—	10%	10.21%	—	10.21%
100万円超の部分	20%	—	20%	20.42%	—	20.42%

利子・配当等の源泉徴収税率、株式等譲渡益の税率

区 分		上乗せ前			上乗せ後		
		所得税率	住民税率	合計	所得税率	住民税率	合計
預貯金一般公社債	利子（源泉分離）	15%	5 %	20%	15.315%	5 %	20.315%
上場株式等	利子・配当等（源泉徴収）	15%	5 %	20%	15.315%	5 %	20.315%
	譲渡益（申告分離／申告不要）						
株式・（特定公社債を含む）公社債投資信託	分配金（源泉徴収）						
	譲渡益（申告分離／申告不要）						
非上場株式等	配当等（源泉徴収）	20%	—	20%	20.42%	—	20.42%
	譲渡益（申告分離）	15%	5 %	20%	15.315%	5 %	20.315%

❺ その他の特例など

（1）特定の基準所得金額の課税の特例

　2025年以後の所得税については、その年分の基準所得金額が3億3,000万円を超える個

人について、その超える部分の金額の22.5％に相当する金額からその年分の基準所得税額を控除した金額に相当する所得税が課される。

（※）基準所得金額とは、本来であれば申告の義務のない上場株式の配当所得や上場株式等の譲渡による所得も含めて計算した合計所得金額をいう。

（※）基準所得税額とは、その年分の基準所得金額に係る所得税の額をいう。

(2) 防衛力強化に係る財源確保のための税制措置

2023年（令和5年）度の税制改正において、所得税額に対し、当分の間、1％の新たな付加税を課すとされた。一方、復興特別所得税の税率を1％引き下げるとともに、課税期間を延長するとされた。なお、施行時期は未定である（2024年以降の適切な時期予定）。

第 **2** 章

各種所得の内容と計算

利子所得

❶ 利子所得とは

利子所得とは、預貯金および公社債の利子ならびに合同運用信託、公社債投資信託および公募公社債等運用投資信託の収益の分配に係る所得をいう〔図表2−1〕。

したがって、通常いわれている利子よりもその範囲は狭く、以下の所得は利子所得には含まれず、雑所得に該当する。

- ・学校債、組合債等の利子
- ・定期積金、相互掛金の給付補てん金
- ・抵当証券の利息
- ・国税または地方税の還付加算金
- ・友人、知人等に対する貸付金の利子

〔図表2−1〕利子所得の種類

	具 体 例
公社債の利子	国債、地方債、社債、政府関係機関債、金融債等の利子
預貯金の利子	銀行、ゆうちょ銀行等の預貯金、社内預金等の利子
合同運用信託の収益の分配金	貸付信託、金銭信託の収益分配金
公社債投資信託等の収益の分配金	公社債投資信託および公募公社債等運用投資信託の収益分配金

❷ 利子所得の金額の計算

利子所得の金額は、その年中の利子等の収入金額であり、**必要経費の控除**はない。

利子所得の金額
利子所得の金額＝収入金額

(1) 利子所得の源泉分離課税

　利子所得は、非課税とされるものを除き、原則として源泉分離課税になる。利子等を受け取る際に、所得税15.315％、住民税5％の合計20.315％が源泉徴収（特別徴収）されて課税関係は終了し、確定申告をする必要はない。ほかの所得があって確定申告をする場合でも、利子所得の金額は除いて計算する。所得税を天引きすることを源泉徴収といい、住民税を天引きすることを特別徴収という。

　特定公社債等[注]の利子等については、所得税15.315％・住民税5％の税率による申告分離課税の対象とされ、申告不要とすることもできる。特定公社債以外の公社債など（一般公社債等）の利子等については源泉分離課税となるが、同族会社が発行した社債の利子でその同族会社の株主等が支払を受けるものは、総合課税の対象とされる。

注 特定公社債等：特定公社債（国債、地方債、外国国債、外国地方債、公募公社債、上場公社債、一定の社債など）、公募公社債投資信託の受益権、証券投資信託以外の公募投資信託の受益権および特定目的信託の社債的受益権で公募のものなど

(2) 総合課税の対象となる利子所得

　次の利子所得は総合課税の対象となる。
① 日本国外の銀行等に預けた預金の利子
② 外国市場、ユーロ市場で発行された債券のうち、指定証券会社に設けられる「外国証券取引口座」を通じないで受け取る利子
③ 同族会社が発行した社債利子で、その同族会社の判定の基礎となる一定の株主およびその親族等が支払を受けるもの

(3) 非課税となる利子所得

非課税となる利子所得には、以下のようなものがある。

① 当座預金の利子（実際には、当座預金に利子は付かない）

② こども銀行の預貯金の利子

こども銀行とは、小学校、中学校等で教育活動の一環として行われる子どもたちの貯蓄実践活動である。

③ 遺族基礎年金を受ける妻、寡婦年金を受ける寡婦、身体障害者などの「障害者等」が非課税の手続をとった以下のもので、本人等の確認を受けたものについての利子

a．元本350万円以下の少額預金等の利子（いわゆるマル優）

b．元本350万円以下の少額公債の利子（いわゆる特別マル優）

④ 勤労者財産形成住宅貯蓄契約、勤労者財産形成年金貯蓄契約に基づき、給与等から天引きされるそれらの貯蓄のうち、元本合計額が550万円以下のものの利子（ただし、財形年金のうち、保険商品に係るものの限度額は払込金額で385万円）

⑤ 納税準備預金の利子（目的外使用のものを除く）

⑥ 特定寄附信託（いわゆる「日本版プランド・ギビング信託」）に係る利子

実務上のポイント

・利子所得は、原則として源泉分離課税となる。

・特定公社債、公募公社債投資信託等の利子等については、申告分離課税となる（申告不要の選択も可）。

第2節 配当所得

① 配当所得とは

　配当所得とは、①法人から受ける剰余金の配当、②利益の配当、③剰余金の分配、④基金利息、⑤公社債投資信託および公募公社債等運用投資信託以外の投資信託の収益の分配、⑥特定受益証券発行信託の収益の分配に係る所得をいう〔図表2-2〕。

　企業組織再編、資本の払戻し・解散による残余財産の分配、発行法人の自己株式の取得（市場における購入等を除く）などにより株主等が法人から受ける金銭などのうち、法人の資本金等の額を超える部分の金額は、利益の配当または剰余金の分配とみなされ、いわゆるみなし配当となり、配当所得になる。なお、企業組織再編で、適格組織再編に該当する場合には、みなし配当課税は行われない。

　相続や遺贈により非上場株式を取得し、相続税の申告期限の翌日以後3年を経過する日までに、その非上場株式を発行法人に譲渡したときは、みなし配当課税は行われず、株式の譲渡所得として扱われる（相続財産に係る非上場株式をその発行会社に譲渡した場合のみなし配当課税の特例）。なお、贈与税の納税猶予制度に係る贈与により非上場株式を取得し、その後、相続または遺贈により取得したものとみなされた場合にもこの特例を適用でき、みなし配当課税は適用されず、株式の譲渡所得として扱われる。

〔図表2-2〕配当所得の種類

	具 体 例
剰余金の配当	株式の配当
利益の配当	持分会社の社員が受ける配当金
剰余金の分配	協同組合等への出資に係る分配
基金利息	保険会社から受ける基金利息
投資信託の収益の分配	株式投資信託の収益の分配

配当所得に類似しているが、配当所得とならないものに以下のようなものがある。

- 人格のない社団・財団から受ける収益の分配金（雑所得）
- 協同組合等の組合員その他の者が、その取り扱った物の数量、価額その他協同組合を利用した分量に応じて受ける事業分量配当（内容に応じて、事業所得、利子所得、不動産所得または譲渡所得）
- 保険会社から受ける契約者配当金（生命保険料控除または損害保険料控除の計算の際、支払保険料から控除）
- 保険会社から受ける満期保険金（一時所得）
- 土地信託による信託配当（賃貸方式の場合は不動産所得、分譲方式の場合は譲渡所得等）

❷ 配当所得の金額の計算と負債の利子

（1）配当所得の金額

配当所得の金額は、配当所得を生ずる元本である株式等を取得するために要した負債の利子があれば、その年中の配当等の収入金額（源泉徴収前）から控除される。

配当所得の金額

> 収入金額−株式等を取得するために要した負債の利子
> （※） 収入金額の収入の時期は、通常の配当の場合、その支払について効力の生ずる日である。

（2）負債利子の計算

配当所得の収入金額から差し引く株式等（株式その他配当所得を生ずる元本）を取得するために要した負債の利子の額は、次の算式により計算する。

配当所得の収入金額から差し引く負債利子の額

> $$負債利子の年額 \times \frac{その年中において負債によって取得した株式等を所有していた期間の月数（1月未満は1月とする）}{12}$$

ただし、次の負債の利子は、それぞれの事由により算式中の「**負債利子の年額**」に含め

ることはできない。

・確定申告しないことを選択した申告不要の配当所得の基因となる株式等を取得するために要した負債の利子→これらの株式等から生ずる配当所得が申告されないため

・株式等の譲渡による事業所得、譲渡所得または雑所得の基因となる株式等を取得するために要した負債の利子（その譲渡の年に支払われたもの）→事業所得、譲渡所得または雑所得の金額の計算上必要経費に算入されるため

① **負債の利子につき月数按分を行う場合**

　負債の利子の月数按分は、株式等を年の中途において取得または譲渡した場合で、その株式等の負債の利子がその年1月1日から12月31日までの期間について計算されたものであるときに限り行う。

② **借入金により取得した株式等の一部を譲渡した場合**

　借入金により取得した株式等の一部を譲渡した場合、譲渡後の残余の株式等に係る負債の額は、その負債によって取得した株式等の銘柄ごとに、次の算式により計算する。

譲渡後の残余の株式等に係る負債の額

$$\text{譲渡直前におけるその銘柄の株式等}\atop\text{を取得するために要した負債の額} \times \frac{\text{譲渡直後のその銘柄の株式等の数}}{\text{譲渡直前に所有していたその銘柄の株式等の数}}$$

　なお、譲渡した株式等を取得するために要した負債の利子で、その年中に支払うべきものは、株式等の譲渡所得等の金額の計算上、控除される。

③ **配当所得の収入がない場合の負債利子の控除**

　株式等を取得するために要した負債の利子は、その年にその負債によって取得した株式等に配当があったかどうかにかかわらず、これを差し引いて配当所得の金額を計算することになる。ただし、その結果、配当所得に損失が生じたとしても、その損失の金額をほかの所得の金額から損益通算によって差し引くことはできない。

❸ 配当所得に関する課税の特例

　配当所得は原則として総合課税であるが、配当等の支払の際に一定の率で所得税が源泉徴収される。また、少額配当ならびに一定の上場株式等の配当については、源泉徴収されたままで申告不要を選択することができる〔図表2－3〕。

〔図表2－3〕配当課税のまとめ

種類	課税方法（下記いずれかを選択）	配当控除	源泉（特別）徴収税率	
			所得税	住民税
上場株式等	・総合課税（超過累進税率） ・申告不要（金額制限なし） ・申告分離課税（※1）	○ × ×	15.315%	5％
上記以外の株式等 （非上場株式・大口株主等）	・原則総合課税（超過累進税率） ・少額配当（※2）については申告不要の選択可（住民税は総合課税のみ）	○ ×	20.42% （※3）	0％ （特別徴収なし）

（※1）上場株式等および特定公社債等の譲渡損失との損益通算が可能。通算後の上場株式等の配当所得の金額に対して所得税15.315％、住民税5％が適用される。
（※2）1銘柄1回「10万円×配当計算期間の月数÷12」以下の配当。
（※3）同族会社である法人との合計で大口株主となる場合は、15.315％

（1）源泉徴収税率

20.42%の税率で所得税が源泉徴収されるのが原則である。住民税は特別徴収されない（所得税、住民税とも総合課税が原則）。

上場株式等（発行済株式総数等の**3％**以上を所有している株主等の受ける配当を除く）の配当については、**所得税15.315％、住民税5％**の税率が適用される。公募株式投資信託の収益分配金についても同様の扱いとなる。

なお、発行済株式総数割合が3％未満の個人株主であっても、同族会社である法人との合計で3％以上となる上場株式等の配当等については、その個人株主の受ける配当等は総合課税の対象となる（下記（2）②、（3）についても同様）。

（2）申告不要の配当所得

次に掲げる配当等については、確定申告しないで源泉徴収だけで課税関係を終了させることができる。

① 内国法人から支払を受ける上場株式等以外の配当等で、**1銘柄につき1回の支払金額が次に掲げる金額以下であるもの**（なお、住民税は総合課税のみ）

$$10万円 \times \frac{配当計算期間の月数}{12}$$

② 内国法人から支払を受ける上場株式等の配当等（その配当等の支払に係る基準日において、その内国法人の発行済株式総数等の3％以上を所有している者（大口株主）等が支払を受けるものを除く）

③ 内国法人から支払を受ける一定の公募株式投資信託の収益の分配に係る配当等

④　内国法人から支払を受ける特定株式投資信託の収益の分配に係る配当等

(3) 申告分離課税の選択

　上場株式等（発行済株式総数等の3%以上を所有している株主等の受ける配当を除く）の配当所得については、従来の総合課税に代えて、**申告分離課税を選択**できる。申告分離課税を選択した場合の税率は、原則として20.315%（所得税15.315%、住民税5%）となる。
　申告分離課税を選択した場合、配当控除の適用は受けられないが、損益通算の特例として、**上場株式等の配当所得等**の金額から、**その年分に生じた上場株式等および特定公社債等の譲渡損失の金額、またはその年の前年以前3年内に生じた上場株式等および特定公社債等の譲渡損失の繰越控除金額**（前年以前に既に控除したものを除く）を**控除することができる**。
　なお、上場株式等の配当所得等については、現在は所得税と住民税において異なる課税方式を選択することはできず、住民税は所得税で選択した課税方式に統一される。

実務上のポイント

- ・配当所得は、原則として総合課税となる。
- ・上場株式等の配当について、受け取った株主等が有する当該上場株式の数および金額が発行済株式総数等の3%未満であれば、申告分離課税を選択することができる。
- ・確定申告しないことを選択した申告不要の配当所得の基因となる株式等を取得するために要した負債の利子は、配当所得の金額の計算上控除することができない。
- ・上場株式等の配当について、申告分離課税を選択した場合、配当控除の適用は受けられない。
- ・内国法人から支払を受ける非上場株式の配当は、その支払の際に所得税および復興特別所得税が源泉徴収され、住民税は特別徴収されない。
- ・内国法人から支払を受ける非上場株式の配当は、1銘柄につき1回の配当金額が「10万円×配当計算期間の月数÷12」以下であれば、申告不要制度を選択することができる。

第3節

不動産所得

❶ 不動産所得とは

　不動産所得とは、土地や建物等の貸付、地上権・永小作権等の不動産の上に存する権利の貸付、船舶（総トン数20トン以上）・航空機の貸付から生じる所得をいう〔図表2−4〕。

〔図表2−4〕不動産所得とほかの所得との区分

不動産貸付業、船舶・航空機の貸付業（事業的規模のものも含む）による所得		不動産所得
土地を賃貸するときの権利金	原　則	不動産所得
	権利金の額が土地の時価の50％を超え、かつ借地人の借地が建物または構築物の所有を目的とするとき	譲渡所得
	上記の譲渡所得に該当する行為を営利目的で継続的に行う場合	事業所得または雑所得
借地権等の更新料	原　則	不動産所得
	上記の譲渡所得に該当する場合	譲渡所得
建物を賃貸するときの権利金等	権利金、礼金、更新料等	不動産所得
不動産の一部賃貸による収入	広告等のための土地、建物の一部（屋上壁面等）の賃貸	不動産所得
	ケース貸し	不動産所得
不動産業者が所有する販売目的不動産の一時貸しによる収入		事業所得
鉱業権、土石採取権、漁業権等の使用料		事業所得または雑所得
機械、自動車等の賃貸料		事業所得または雑所得
土地信託の信託配当	賃貸型	不動産所得
	分譲型	譲渡所得

② 不動産所得の金額の計算

　不動産所得の金額は、その年中の不動産所得に係る総収入金額から必要経費を控除して計算する。なお、青色申告者については、下記の金額から青色申告特別控除額を控除することができる。

不動産所得の金額

> 総収入金額－必要経費

(1) 総収入金額

　上記の不動産所得の金額の計算において、収入金額となるものには、家賃、地代、礼金などのほかに、以下のようなものも含まれる。

① 返還を要しなくなった敷金等の収入

　不動産等の貸付をしたことによって敷金、保証金等の名目により収受する金銭等の額のうち、その全部または一部について返還を要しないこととなっているものは、その年中に返還を要しないことが確定した金額をその年の不動産所得の金額の計算上、収入金額に算入する。

② 不動産所得の収入金額に代わる性質を有する収入

　賃貸期間終了後の土地家屋などの明渡しの遅延による損害賠償金のように、不動産所得の収入金額に代わる性質を有するものは、不動産所得の収入金額に算入する。

③ 定期借地権の設定による保証金の経済的利益の課税

　定期借地権の設定に伴って賃貸人が賃借人から預託を受ける保証金（賃借人がその返還請求権を有するものをいい、その名称のいかんを問わない）の経済的利益については、所得税の課税上、次に掲げる区分に応じた扱いとなる。

a．その保証金が各種所得の基因となる業務（不動産所得、事業所得、山林所得および雑所得を生ずべき業務をいう）に係る資金として運用されている場合またはその業務の用に供する資産の取得資金に充てられている場合

　その保証金につき適正な利率により計算した利息に相当する金額（保証金による経済的利益の額）を、その保証金を返還するまでの各年分の不動産所得の金額の計算上、収入金額に算入するとともに、同額をその各種所得の金額の計算上、必要経費に算入する。

b．その保証金が、預貯金、公社債、指定金銭信託、貸付信託等の金融資産に運用され

ている場合

その保証金による経済的利益に係る所得の金額については、その計算を要しない。

c．上記a．およびb．以外の場合

その保証金につき適正な利率により計算した利息に相当する金額を、その保証金を返還するまでの各年分の不動産所得の金額の計算上、収入金額に算入する。

（2）必要経費

不動産所得の必要経費には、以下のようなものがある。

- 貸付不動産等の修繕費
- 租税公課
- 減価償却資産の償却費
- 地代、家賃、損害保険料（掛け捨て部分）等
- 管理費
- 借入金の利子
- 仲介手数料

なお、不動産所得の計算上、以下の点に気を付けなければならない。

a．租税公課

租税公課とは、税金と各種賦課金の総称であり、貸地・貸家に係る固定資産税、都市計画税、印紙税、不動産取得税、登録免許税、事業税などは不動産所得の必要経費になる。ただし、所得税や住民税は必要経費にならない。

b．事業専従者控除額（青色事業専従者給与）

生計を一にする配偶者やその他の親族がアパート管理などの職務に専従している場合、その不動産の貸付が事業的規模で営まれている場合に限り、青色申告者の場合は青色事業専従者給与、白色申告者の場合は事業専従者控除額を差し引くことができる〔図表2－5〕。

不動産の貸付が事業的規模か否かは、社会通念上、事業と称するに至る程度の規模で行われているかどうかにより判定する。なお、建物の貸付については、次のいずれかに当てはまるときは、特に反証のない限り事業として行われていると判断できる（いわゆる5棟10室基準）。

- 貸間、アパート（棟割長屋を含む）については、貸与することができる独立した室数がおおむね10室以上であること
- 独立家屋（上記のものを除く）の貸付については、おおむね5棟以上であること

〔図表2-5〕事業的規模か否かによる必要経費の扱いの相違

項目	取扱い
個別評価の貸倒引当金の設定	事業的規模に限る。なお、一括評価の貸倒引当金は不動産所得の場合は対象外
貸倒損失	事業的規模でない場合は、家賃の未収入金の貸倒れは収入すべき年に遡って収入がなかったものとされるが、事業的規模の場合は、貸倒れの生じた年の必要経費となる
資産損失	事業的規模でない貸付不動産に生じた損失の金額は不動産所得を限度として必要経費に算入されるが、事業的規模の場合は制限なく必要経費に算入され赤字になれば損益通算の対象となる
専従者給与等	事業的規模でなければ、白色申告者の事業専従者控除も青色申告者の青色事業専従者給与も認められない
青色申告特別控除	事業的規模でない場合は、特別控除額が10万円に限定される

　なお、土地の貸付については、地域の実情および個々の実態等に応じ、1室の貸付に相当する土地の貸付件数を、「おおむね5」として判定する。また、事業的規模でない場合は、青色申告特別控除の控除額が**10万円**に限定される〔図表2-5〕。

c．貸地・貸家に係る借入金の利息

　必要経費に算入できる借入金の利息は、その年に属する期間に対応する部分の金額に限られる。また、業務開始前の期間に対応する部分の金額は必要経費とはならず、土地や建物の取得価額に算入する。

d．立退料

　建物の賃借人を立ち退かせるために支払う立退料は、原則としてその支出した日の属する年分の不動産所得の必要経費になる。ただし、建物の譲渡に際して支払うものや建物の敷地などを譲渡するためにその建物を取り壊した際に支払うものは、譲渡所得の譲渡費用になる。

e．固定資産の損失

　不動産、船舶、航空機などの取壊し、除却、火災などの災害による滅失などによる損失額（保険金等で補てんされるものは除く）は、これらの貸付が事業的規模である場合は、その**全額**を必要経費に算入できる。しかし、事業的規模でない場合には、不動産所得の金額を限度として必要経費に算入できる〔図表2-5〕。すなわち、その損失によって不動産所得の金額が赤字になっても、その赤字になった金額をほかの所得から差し引くことはできない。

実務上のポイント

- 広告のため、土地、家屋の屋上または側面、塀等を使用させる場合の所得は、不動産所得に該当する。

- 不動産所得を生ずべき業務を行う青色申告者の青色申告特別控除は、その不動産の貸付が事業的規模に満たない場合、控除額が10万円に限定される。

- 青色申告者で、生計を一にする配偶者等が不動産所得を生ずべき業務に専従していれば、その不動産の貸付が事業的規模で営まれている場合に限り、青色事業専従者給与を必要経費に算入することができる。

- 建物の貸付では、貸間・アパートの場合は独立した室数がおおむね10室以上、独立家屋の場合はおおむね5棟以上であれば、事業的規模で貸付が行われていると判断される（5棟10室基準）。

- 賃貸期間終了後の土地家屋の明渡しの遅延によって損害賠償金を受け取った場合、その受け取った金額は収入金額に算入する。

- 所有する賃貸用不動産を取り壊したことにより生じた損失の金額は、その貸付が事業的規模で行われている場合、その全額を必要経費に算入することができる。

第4節

事業所得

① 事業所得とは

　事業所得とは、農業、漁業、製造業、卸売業、小売業、サービス業などの事業から生ずる所得のほか、医師、弁護士、芸能人などの自由業による所得をいう。

　事業所得の事業の判定は、相当の対価を継続的に得ているかどうかである。したがって、たまたま、一時的に事業とされるような行為をして得た収入であっても、事業所得には含まれず、雑所得とされる場合がある。また、一般的には事業と考えられるものであっても、不動産貸付業の所得は不動産所得、山林の売買による所得は山林所得とされる〔図表2－6〕。

　また、副業を行っている場合、記帳、帳簿書類の保存がされている場合は原則、事業所

〔図表2－6〕事業所得とほかの所得との区分

	原　則	不動産所得
不動産の貸付による所得	自己の責任において他人のものを保管する有料駐車場、有料自転車置場等の所得	事業所得または雑所得
	下宿等の所得	
	事業主所有の従業員寮等の使用料	事業所得
不動産の継続的売買による所得		事業所得または雑所得
山林の売買による所得	原　則	山林所得
	保有期間5年以内の山林の伐採または譲渡による所得	事業所得または雑所得
事業用資産の譲渡	原　則	譲渡所得
	耐用年数1年未満または取得価額が一定金額未満のもの	事業所得

得とされるが、3年間売上300万円以下かつ本業の収入の10％未満の場合やおおむね3年以上赤字続きの場合は個別に判断される。

② 事業所得の金額の計算

事業所得の金額は、その年中の事業所得に係る総収入金額から必要経費を控除して計算する。なお、青色申告者については、下記の金額から**青色申告特別控除額**を控除することができる。

事業所得の金額

総収入金額－必要経費

(1) 総収入金額

事業所得に係る総収入金額とは、商品の売上代金など、その年中に事業によって収入することが確定した金額（収入すべき金額）である。販売形態により収入がいつ確定するかは異なるが、たとえば、物の引渡しを要する契約の場合は、原則として引渡しの日とされる。

総収入金額は、本来の事業によるものばかりでなく、事業の遂行上生じた取引先または使用人に対する貸付金の利子などのように、事業所得を生ずべき事業の遂行に付随して生じた収入も含まれる。

なお、販売用の棚卸資産を自家消費した場合や贈与等した場合、原則として、その棚卸資産の通常の販売価額を総収入金額に算入することとされている。ただし、事業所得の金額の計算上、総収入金額として、棚卸資産の仕入金額や製造原価以上の金額を算入しておけば、その金額が通常の販売価額のおおむね70％未満でない限り、その金額を算入することも認められている。したがって、仕入金額や製造原価の金額が通常の販売価額の70％未満の場合、通常の販売価額の70％相当の価額に修正して総収入金額を算入する必要がある。

また、消費税法上においては、販売用の棚卸資産を自家消費した場合、棚卸資産の仕入金額以上かつ販売価額の50％以上の金額を課税売上として消費税の計算を行うことが認められている。したがって、所得税において販売価額の70％を事業所得の総収入金額に算入し、消費税において販売価額の50％を課税売上とし、それぞれ申告することができる。

〔図表2-7〕親族との間の支払の取扱い

	事業主側の取扱い	親族側の取扱い
事業主と生計を一にする場合	・親族に支払った利子、家賃などは必要経費にならない。 ・親族の支払った固定資産税などは、事業主の必要経費になる。	・受け取った利子、家賃などは、所得にならない（原則として課税されない）。
事業主と生計を一にしない場合	・親族に支払った利子、家賃などは必要経費になる。	・受け取った利子などは、所得になる（課税される）。

(2) 必要経費

　事業所得の必要経費とは、事業に関連して支出した費用をいい、収入を得るために直接に必要な売上原価、販売費、一般管理費、その他の費用で、償却費等の特定のものを除きその年に債務が確定しているものが算入できる。

　主な必要経費の取扱いは以下のとおりである。

① 家事上の費用および家事関連費

　個人の生活費や個人的交際のための費用などは**家事上の費用**といわれ、**必要経費に算入することはできない**。これに対して、自宅と店舗または事務所を兼用している場合の水道光熱費、火災保険料、固定資産税、支払家賃・地代などの費用は家事関連費といわれ、業務の遂行上、直接必要であったことが明らかにされる部分の金額については、必要経費に算入できる。

② 親族に支払う賃借料等

　生計を一にする配偶者、その他の親族に家賃、借入金の利子などを支払っても、その金額を必要経費とすることはできない。この場合、親族等が受けた収入はなかったものとされ、その収入を得るために要した費用は、事業主の必要経費に算入する〔図表2-7〕。

③ 専従者給与等

　事業所得、不動産所得または山林所得を生ずべき事業に従事する配偶者または親族に支払った給与等（退職金を除く）は、次のように取り扱う。

a．白色申告者の場合（事業専従者控除額）

　生計を一にする配偶者、その他の親族（15歳以上）で、6カ月を超える期間、事業に従事する者を事業専従者といい、事業専従者がいる場合は給与等の支給にかかわらず、その専従者1人につき、次の①、②のいずれか低い金額（事業専従者控除額）を所得金額の計算上必要経費に算入できる。

〔図表 2 − 8 〕 租税公課の取扱い

必要経費となるもの	必要経費とならないもの
固定資産税、自動車税、事業税、登録免許税、不動産取得税、印紙税、消費税　等	所得税、住民税（道府県民税・都民税、市町村民税・特別区民税）、相続税、加算税、延滞税、加算金、延滞金　等

事業専従者控除額

① 　年間50万円（配偶者の場合は年間86万円）

② 　$\dfrac{事業所得、不動産所得、山林所得を生ずべき事業に係る所得}{事業専従者の数＋ 1}$

①、②のいずれか低い金額

b．青色申告者の場合（青色事業専従者給与）

　生計を一にする配偶者、その他の親族（15歳以上）で、 6 カ月（特定の場合には事業に従事することが可能な期間の 2 分の 1 ）を超える期間、事業に従事する者を青色事業専従者といい、その年の 3 月15日までに税務署長に届け出た「青色事業専従者給与に関する届出書」に記載された金額の範囲内で、その専従者に実際に支払われた金額のうち、労務の対価として相当な金額を必要経費に算入できる。

④　租税公課

　事業用資産、または業務に対して課せられた租税公課は、必要経費になるものとならないものがある。その原則的な取扱いは〔図表 2 − 8 〕のとおりである。

⑤　罰金、科料、損害賠償金

　罰金、科料、過料および重過失により他人の権利を侵害したことにより支払う損害賠償金等は、必要経費に算入されない。

⑥　交際費

　交際費のうち、業務の遂行上直接必要と認められるものについては、その支出額の全額を必要経費に算入することができる。

⑦　売上原価

　物品販売業における、販売した商品等の棚卸資産（商品、製品、原材料、仕掛品、貯蔵中の消耗品等）の取得価額を売上原価といい、次の算式で計算した金額を必要経費に算入する。

売上原価

年初棚卸資産の棚卸高＋その年の仕入高（または製造原価^(※)）－年末棚卸資産の棚卸高

（※）製造原価＝年初仕掛品の棚卸高＋その年の総製造費用－年末仕掛品の棚卸高

　棚卸資産の法定評価方法は最終仕入原価法（年末に一番近い時期に仕入れた商品の価額で年末の棚卸商品すべてを評価する方法）であり、それ以外の評価方法を選択する場合には、届出が必要である。最終仕入原価法以外の評価方法としては、個別法（個々の取得価額によって評価する方法）、先入先出法（先に仕入れた商品から払い出したと仮定し、年末の在庫は、後から仕入れたものから在庫となるとして評価する方法）などがある。

⑧　減価償却費

　建物、機械、車両運搬具、工具器具備品などのように、使用または時の経過によって物理的・経済的に価値が減少する資産を**減価償却資産**という（**土地は減価償却資産ではない**）。減価償却資産については、その取得価額を使用可能期間にわたって費用配分し、毎年の減価償却額を必要経費に算入する。なお、法人税法では限度額以下の償却であれば任意であり、減価償却しないことも認められるが、所得税法（個人）では減価償却は**強制償却**であり、償却するかしないかを任意に決めることはできない。

　減価償却費の計算方法は、減価償却資産の種類ごとに定額法や定率法などを選択できるが、税務署長への届出がないときは、原則として**定額法**（法人の場合には定率法）による。また、1998年4月1日以後に取得した**建物**および**2016年4月1日以後に取得した建物附属設備および構築物**については、**定額法しか認められない**。

　当初の必要経費を多く計上したい場合には、定率法を選択するほうがよい。ただし、定率法も定額法も最終的な償却額の累計は同額となる。

　減価償却の方法を変更しようとするときは、変更しようとする年の**3月15日**までに、納税地の所轄税務署長に「減価償却資産の償却方法の変更承認申請書」を提出しなければならない。

ａ．有形減価償却資産（鉱業用減価償却資産を除く）

〈2007年4月1日以後に取得した減価償却資産〉

　帳簿価額が1円（備忘価額）まで定額法または定率法により減価償却費を計算する。

減価償却費（2007年4月1日以後に取得）

〈定額法〉
1年分の償却費＝取得価額×定額法の償却率（取得当初から帳簿価額が1円になるまで）
〈定率法〉
1年分の償却費＝帳簿価額[※1]×定率法の償却率
ただし、上記で計算した額が償却保証額[※2]を下回った年から帳簿価額が1円になるまでは次による。
1年分の償却費＝改定取得価額[※3]×改定償却率

（※1）帳簿価額＝取得価額－減価償却累計額
（※2）償却保証額＝取得価額×耐用年数に応じた保証率
（※3）改定取得価額＝この計算式の適用初年度の償却前帳簿価額

〈2007年3月31日以前に取得した減価償却資産〉

　償却可能限度額（取得価額の**95%**）まで旧定額法や旧定率法により償却費を計上し、残った帳簿価額（未償却残高、**取得価額の5%**）から備忘価額（1円）を控除した金額を、償却可能限度額まで償却した年の翌年以後**5年間で均等に償却**する。

減価償却費（2007年3月31日以前に取得）

① 減価償却累計額が償却可能限度額（**取得価額の95%**）に達するまで
　〈旧定額法〉
　1年分の償却費＝取得価額×0.9×旧定額法の償却率
　〈旧定率法〉
　1年分の償却費＝帳簿価額（未償却残高）×旧定率法の償却率
　（注）帳簿価額（未償却残高）＝取得価額－減価償却累計額
② 減価償却累計額が償却可能限度額に達した年の**翌年以降**（**5年間**）
　〈旧定額法・旧定率法共通〉
　1年分の償却費＝（取得価額の5%－1円）÷5年

　なお、年の中途で取得した資産については、その年は、その年中の使用月数（1カ月未満の端数がある場合は1カ月とする）に応じて、次の算式により減価償却費を計算する。

年の中途で取得した資産の減価償却費

$$1年分の償却費 \times \frac{業務に使用した日から年末までの月数（1カ月未満切上げ）}{12}$$

ｂ．無形固定資産（鉱業権・営業権を除く）

　取得価額の100%まで定額法（または旧定額法）により減価償却費を計上する。2007年3月31日までの取得であれば旧定額法（0.9は乗じない）、2007年4月1日以後の取得

であれば定額法で計算する。

無形固定資産の減価償却費

１年分の償却費＝取得価額×定額法（または旧定額法）の償却率

ｃ．取得価額が少額の減価償却資産

　使用可能期間が**１年未満**のもの、または取得価額が**10万円未満**のもの（貸付（主要な事業として行われるものを除く）の用に供したものは除く）については、これらの資産を業務の用に供した年に、その取得価額の全額を必要経費に算入することが強制される。

　なお、中小企業者に該当する個人で青色申告書を提出する者については、2003年４月１日から2026年３月31日までは、**30万円未満**のもの（貸付（主要な事業として行われるものを除く）の用に供したものは除く）については、選択によりその取得価額の全額を必要経費に算入できる。ただし、2006年４月１日以降は、取得価額の合計額が年間300万円に制限される。また、2020年４月１日以降は、常時使用する従業員の数が500人を超える者は、適用対象外とされている。

ｄ．年一括償却

　取得価額が**20万円未満**の減価償却資産（上記ｃ．に該当するものおよび貸付（主要な事業として行われるものを除く）の用に供したものを除く）については、選択により通常の減価償却をせずに３年間で取得価額の３分の１ずつを償却する３年一括償却の方法を選択することができる。

〈参考〉減価償却資産の償却率、改定償却率および保証率（抜粋）

耐用年数（年）	2007年４月１日以後 2012年３月31日以前取得資産				2012年４月１日以後取得資産			
	償却率		改定償却率	保証率	償却率		改定償却率	保証率
	定額法	定率法			定額法	定率法		
2	0.500	1.000	－	－	0.500	1.000	－	－
3	0.334	0.833	1.000	0.02789	0.334	0.667	1.000	0.11089
4	0.250	0.625	1.000	0.05274	0.250	0.500	1.000	0.12499
5	0.200	0.500	1.000	0.06249	0.200	0.400	0.500	0.10800
6	0.167	0.417	0.500	0.05776	0.167	0.333	0.334	0.09911
7	0.143	0.357	0.500	0.05496	0.143	0.286	0.334	0.08680
8	0.125	0.313	0.334	0.05111	0.125	0.250	0.334	0.07909
9	0.112	0.278	0.334	0.04731	0.112	0.222	0.250	0.07126
10	0.100	0.250	0.334	0.04448	0.100	0.200	0.250	0.06552

第2章

例　題

Q:

　個人で卸売業を営む個人事業主Aさん（従業員数500人以下）は、2024年中に以下の減価償却資産を取得した。Aさんの2024年分の所得税の計算において、下記減価償却資産について必要経費に算入する金額はいくらか。なお、Aさんは青色申告をしており、2024年の所得税が最も少なくなる課税方法を選択するものとする。また、償却方法は法定償却方法とする。

①車両運搬具（営業用）
　9月1日に300万円で購入。すべて事業用として使用している。耐用年数は6年。

②パソコン16台
　1月10日に事業用として1台当たり取得価額24万円で購入。耐用年数4年。
　いずれも取得後直ちに事業の用に供している。

A:

　所得税における有形固定資産（鉱業用有形固定資産を除く）の法定償却方法は定額法である（法人税は定率法）。

①車両運搬具（営業用）

$$300万円 \times 0.167 \times \frac{4月}{12月} = 16.7万円$$

②パソコン16台
　1台当たりの取得価額が30万円未満であり、Aさんは青色申告者であることから、取得価額の全額を業務の用に供した年分の必要経費に算入することができる。ただし、取得価額の合計額が年間300万円に制限されている。

　　300万円÷24万円＝12.5　→　12台

　　したがって、16台のうち12台分の288万円（24万円×12台）は全額必要経費に算入する。

　　残りの4台は通常の減価償却費を必要経費に算入する。

　　24万円×4台×0.250＝24万円

　したがって、必要経費に算入する金額は以下のとおりである。

　　16.7万円＋288万円＋24万円＝328.7万円

⑨ 繰延資産の償却費

　繰延資産とは、業務に関して支出する費用のうち、開業費、試験研究費、開発費など支出の効果が支出の日以後1年以上に及ぶものをいい、支出金額をその効果の及ぶ期間にわたって按分して償却し必要経費に算入する。

　償却費は、原則として以下の算式により計算する。

繰延資産の償却費

$$繰延資産の額 \times \frac{その年の業務の用に供した月数}{支出の効果の及ぶ期間の月数}$$

　支出の効果の及ぶ期間は繰延資産の種類により異なる。

　なお、開業費、試験研究費、開発費については、繰延資産の金額のうち任意の金額をその年分の必要経費に算入できる。また、開業費、試験研究費、開発費以外の繰延資産で、その金額が20万円未満のもののときは、その支出した年にその全額を必要経費に算入する。

⑩ 貸倒損失

　貸金等（事業遂行上生じた売掛金、貸付金、受取手形等の債権）について、貸倒れ等があり損失が生じた場合で、〔図表2-9〕の要件を満たす場合は、その損失金額をその損失が生じた年の必要経費に算入できる。

〔図表2-9〕貸倒れの認定基準と算入額

	貸倒れが認められる場合	必要経費に算入できる金額
貸金等が切り捨てられた場合	更生計画認可の決定、再生計画認可の決定、特別清算協定認可の決定、債権者集会の協議決定などにより切り捨てられたときや、債務超過が相当期間継続したことなどにより書面で債務免除することを通知したとき	切り捨てられた金額や免除した金額
貸金等が回収不能の場合	貸金等について、債務者の資産状況、支払能力などからみて、その全額が回収できないことが明らかになったとき	その貸金などの全額
取引停止後弁済がない場合	継続的な取引に係る売掛債権について、債務者と取引停止以後1年以上経過しても弁済がないときや、遠隔地の売掛債権でその地域において有する売掛債権の総額が旅費等の取立費用に満たない場合で督促しても弁済がないとき	売掛金等の金額から備忘価額（1円）を控除した残額

〔図表2−10〕個別評価する貸倒引当金

	貸金の範囲	繰入額
弁済猶予等される場合	更生計画認可の決定等により弁済の猶予または賦払いにより弁済される場合	その翌年1月1日から5年を経過後に弁済される金額
回収見込みがない場合	債務者の債務超過が相当期間経過して、事業好転の見通しがないことや、天災事故・経済事情の急変などにより多大の損害を被ったことなどにより、売掛金等の一部の金額の回収の見込みがない場合	その回収の見込みがない金額
形式基準による場合	更生手続の開始の申立てや、再生手続の開始の申立てがあったこと、手形交換所の取引停止処分を受けたことなどの事実があった場合	貸金等の50％相当額

⑪ 貸倒引当金

青色申告者の場合は、各種引当金の繰入れと準備金の積立てが認められている。このうち最も一般的なものが貸倒引当金である。

売掛金や貸付金などの貸金等については、将来貸倒れが発生することも予想される。そこでこうした貸倒れに備えて、次の金額の合計額を限度に貸倒引当金繰入額として、事業所得の金額の計算上、必要経費に算入することができる。

なお、繰り入れた金額は、その全額を翌年分の事業所得の金額の計算上、総収入金額に算入する。

a．個別評価による貸倒引当金

事業遂行上生じた売掛金、貸付金、受取手形等の債権について、一定の事由が生じた場合はそれぞれ〔図表2−10〕の金額を限度として、貸倒引当金繰入額として必要経費に算入することができる。

また、白色申告者も繰入計上できる。

b．一括評価による貸倒引当金

次の算式で計算した金額を限度に、貸倒引当金繰入額として必要経費に算入することができる。ただし、上記a．の個別評価により貸倒引当金繰入額を計上した貸金の額は、一括評価による貸倒引当金の貸金の額から除く。

〔図表2－11〕報酬や料金の源泉徴収

報酬・料金	税率
・原稿、作曲の報酬、講演料等 ・弁護士、公認会計士、税理士等の業務に関する報酬または料金 ・プロ野球選手、プロサッカー選手、競馬の騎手、モデル等の業務に関する報酬または料金 ・芸能人、歌手等の映画、テレビ等への出演料、演出等 ・プロ野球選手等の契約金	10.21％、ただし1回に支払を受ける金額が100万円を超える場合は、その超える部分の金額については20.42％
・司法書士、土地家屋調査士等の業務に関する報酬または料金 （1万円を超える部分） ・社会保険診療報酬（20万円を超える部分） ・職業拳闘家の業務に関する報酬（5万円を超える部分） ・外交員または集金人の業務に関する報酬または料金（12万円を超える部分） ・バー、キャバレー等のホステスの業務上の報酬・料金（一定額を控除した残額） ・馬主が受ける競馬の賞金（一定額を控除した残額）	10.21％

一括評価による貸倒引当金繰入限度額

年末日現在の貸金の帳簿価額の合計額 × $\dfrac{55}{1,000}$ $\left(金融業は\dfrac{33}{1,000}\right)$

❸ 事業所得の課税方法

　土地等に係る事業所得、株式等の譲渡に係る事業所得、先物取引に係る事業所得以外の事業所得は、ほかの所得と合計して課税される。株式等の譲渡に係る事業所得は申告分離課税扱いとなる。

　また、事業所得となる報酬や料金については、支払の際に支払金額から〔図表2－11〕に示す一定税率により所得税が源泉徴収されるが、確定申告が必要である。

実務上のポイント

- 生計を一にする配偶者や親族に支払う家賃、借入金の利子等は、事業所得の計算上、必要経費に算入することはできない。
- 所得税における減価償却は強制償却であり、法人税と異なり償却するかしないかを任意に選択することはできない。
- 2016年4月1日以後に取得した建物附属設備および構築物の減価償却においては、定額法しか認められず、定率法を選択することはできない。
- 減価償却資産の償却方法を変更するには、変更しようとする年の3月15日までに税務署に申請書を提出する必要がある。
- 取得して業務の用に供した減価償却資産の使用可能期間が1年未満である場合、取得に要した金額の多寡にかかわらず、その取得価額の全額を必要経費に算入する。

第5節 給与所得

❶ 給与所得とは

　給与所得とは、俸給、給料、賃金、歳費および賞与ならびにこれらの性質を有する給与（これらを「給与等」という）による所得をいう。

　不動産所得、事業所得または山林所得の金額の計算上、必要経費とみなされた事業専従者控除額や青色事業専従者給与の額は、その事業専従者の給与等とみなされる。

❷ 給与所得の金額の計算

(1) 給与所得の金額

　給与所得の金額はその年中の給与等の収入金額から給与所得控除額を差し引いて求める。

給与所得の金額

収入金額−給与所得控除額
（※）　収入の時期は、次のとおりとなる。
　　　・契約または慣習により支給日が定められている給与等…その支給日
　　　・支給日が定められていない給与等…その支給を受けた日
　　　・役員に対する賞与等のうち株主総会の決議等により支給金額が定められるもの…
　　　　株主総会等で決議があった日

　給与所得控除額は、給与等の収入金額に応じて〔図表2−12〕のように計算される。給与等の収入金額が850万円を超える場合、控除額は上限である195万円となる。

(2) 所得金額調整控除

　その年の給与等の収入金額が**850万円**を超える給与所得者で、下記のいずれかに該当す

〔図表 2 −12〕給与所得控除額

給与等の収入金額		給与所得控除額
	162万5,000円以下	55万円
162万5,000円超	180万円以下	収入金額×40％− 10万円
180万円超	360万円以下	収入金額×30％＋ 8万円
360万円超	660万円以下	収入金額×20％＋ 44万円
660万円超	850万円以下	収入金額×10％＋110万円
850万円超		195万円

る者の総所得金額を計算する場合、給与等の収入金額（その給与等の収入金額が1,000万円を超える場合には、1,000万円）から850万円を控除した金額の10％に相当する金額を、給与所得の金額から控除する。

・特別障害者に該当する者

・23歳未満の扶養親族を有する者

・特別障害者である同一生計配偶者や扶養親族を有する者

（例）給与収入950万円で23歳未満の扶養親族を有する者の所得金額調整控除

　　　（950万円−850万円）×10％＝10万円

　また、給与所得および公的年金等に係る雑所得の両方がある者の所得金額調整控除も設けられている。給与所得控除後の給与等の金額および公的年金等に係る雑所得の金額がある給与所得者で、その合計額が10万円を超える者の総所得金額を計算する場合、その合計額（給与所得控除後の給与等および雑所得の金額はそれぞれ10万円が上限）から10万円を控除した残額が、給与所得の金額から控除される。

(3) 特定支出の控除の特例

　「給与所得者の特定支出の控除の特例」とは、その年の特定支出の額の合計額が、その年中の給与所得控除額の2分の1に相当する金額を超える場合に、給与所得控除後の金額からその超える部分を控除した金額を給与所得の金額とすることができる制度である。

特定支出の控除

給与所得の金額＝収入金額−給与所得控除額−特定支出控除額[※]

（※）　特定支出控除額は、その年の特定支出の額の合計額が、その年中の給与所得控除額の2分の1に相当する金額を超えた部分の金額

特定支出とは、給与所得者が支出する以下の支出をいう。

① 通勤のための最も経済的かつ合理的で通常必要とされる支出

② 転任に伴う転居のために通常必要とされる支出

③ 職務上直接必要な技術または知識の取得のために受講する研修のための支出

④ 職務の遂行に直接必要な弁護士、公認会計士、税理士、弁理士などの資格取得費

⑤ 単身赴任者の帰宅等のために通常必要とされる支出

⑥ 職務と関連のある図書の購入費、職場で着用する衣服の衣服費、職務に通常必要な交際費（**勤務必要経費**）（その年中に支出した合計額が65万円を超える場合には、**65万円**を限度とする）

⑦ 職務の遂行に直接必要な旅費等で通常必要と認められる支出

　特定支出の控除の特例は、給与等の収入金額の多寡にかかわらず、確定申告により適用を受けることになっている。申告の際には、特定支出に関する明細書、給与等の支払者の証明書、搭乗・乗車・乗船に関する証明書、支出した金額を証する書類が必要となる。

❸ 給与所得の課税方法

　給与所得は、総合課税の対象になる。総合課税の対象になる所得は基本的に確定申告を行う必要があるが、給与所得については特別の課税方法がとられている。

　給与所得は、その支払の都度、給与の支払者によって源泉徴収されるが、その源泉徴収した税額の1年間の合計額は、給与の支払を受ける人の1年間の給与総額について納めなければならない税額と一致するとは限らない。そこで、給与の支払者が1年間の給与総額が確定する年末に、その年に納めるべき税額を計算し、それまで徴収した税額との過不足額を精算する。この手続を**年末調整**という。これにより給与所得者は通常、**確定申告を行う必要**はない。

実務上のポイント

- 特定支出の控除の特例の対象となる支出には、転任に伴う転居や単身赴任者の帰宅等のために通常必要とされる支出や、職務の遂行に直接必要な資格を取得するための支出等がある。
- 特定支出の控除の特例の対象となる支出のうち、勤務必要経費は、1 年につき65万円が上限とされる。
- 特定支出の控除の特例の適用を受けるためには、その年中の給与等の収入金額の多寡にかかわらず、勤務先の年末調整では受けられず、確定申告を行う必要がある。

第6節 譲渡所得

① 譲渡所得とは

　譲渡所得とは、資産の譲渡による所得をいう。つまり、資産の譲渡により実現した保有期間中の値上り益のことである。

譲渡所得の金額

{総収入金額－（取得費＋譲渡費用）}－特別控除額

　資産の譲渡とは、通常、売買のことをいうが、次のような場合も譲渡に含まれる。

① 　法人に資産を贈与、遺贈した場合（時価の50％未満の低額で譲渡したときは、時価が収入金額となる）

② 　限定承認による相続または個人に対する包括遺贈のうち限定承認に係るもの

③ 　資産を交換した場合

④ 　資産が競売または公売に付された場合

⑤ 　土地建物等が収用された場合

⑥ 　資産を法人に現物出資した場合

⑦ 　借地権の設定・転貸、特定の地役権の設定により受ける対価が、その土地の時価の50％を超える場合

⑧ 　契約または事業の遂行により資産が消滅したことに伴って補償金を受けた場合

　〔図表2−13〕に掲げるような営利を目的とした反復継続性のある資産の譲渡による所得などは、譲渡所得には該当せず、その性質に応じて事業所得などとして処理される。

　譲渡所得は、その資産の取得の日から譲渡の日までの保有期間によって、**短期譲渡所得**と**長期譲渡所得**とに分けられ、さらに、資産の種類によって、総合課税と分離課税に分けられる〔図表2−14〕。

〔図表 2 −13〕譲渡所得とほかの所得との区分

商品、製品、原材料等の棚卸資産の譲渡による所得	事業所得
不動産所得、山林所得、雑所得を生ずべき業務に係る棚卸資産に準ずる資産の譲渡による所得	雑所得
少額減価償却資産（一括償却資産）の譲渡による所得	事業所得または雑所得
山林の伐採または譲渡による所得	山林、事業、雑所得
土地付で山林を譲渡した場合の土地の譲渡相当分	譲渡所得
営利を目的として継続的に行う上記以外の資産の譲渡による所得	事業所得または雑所得

（※）業務用減価償却資産の譲渡による所得は譲渡所得となる。

〔図表 2 −14〕譲渡所得の区分と課税方法

資産の種類	保有期間		区分	課税方法
土地建物等	譲渡の年 1 月 1 日において	5 年以下	短期	申告分離課税
		5 年超	長期	
株式等	—		—	申告分離課税
売戻条件付き貴金属金投資・金貯蓄口座	—		—	源泉分離課税
自己取得の特許権、実用新案権、その他の工業所有権、著作権	保有期間にかかわらず		長期	総合課税 ほかの所得と総合して課税される譲渡所得金額 ＝ 短期譲渡所得金額[※1] ＋ (長期譲渡所得金額[※2] $\times \dfrac{1}{2}$) （※ 1 ） 短期譲渡所得の譲渡益 − 特別控除額[※3] （※ 2 ） 長期譲渡所得の譲渡益 − 特別控除額[※3] （※ 3 ） 特別控除額は50万円。まず短期のほうから50万円を限度に差し引き、なお引ききれない残額があれば長期から差し引く。
その他の資産（上記以外のもの）	譲渡した時点において	5 年以下	短期	
		5 年超	長期	

❷ 取得の日と譲渡の日

（1）取得の日

　所得税の課税上、資産の取得の日は、次のように取得の形態ごとに取扱いが定められている〔図表 2 −15〕。

〔図表2−15〕資産の取得の日

区　　　　分		取　得　の　日
ほかから購入等した資産		引渡しを受けた日（または契約の効力発生の日）
農地法の転用許可を要する農地、採草放牧地		引渡しを受けた日（または契約を締結した日）
自分で建設・製造等をした資産		建設等を完了した日
ほかに請け負わせて建設等をした資産		引渡しを受けた日
贈与により取得した資産		贈与者が取得した日
相続・遺贈により取得した資産		被相続人（遺贈者）が取得した日
限定承認に係る相続・包括遺贈により取得した資産		相続または遺贈を受けた日
個人からの低額譲渡により取得した資産（一定の要件に該当するものに限る）		譲渡者が取得した日
課税の特例の適用を受け交換・買換え等をした資産	取得時期が引き継がれるもの	旧資産を取得した日
	取得時期が引き継がれないもの	交換・買換え等をした日

① ほかから購入などした資産は、その資産の引渡しを受けた日

　　なお、売買契約などの効力発生の日（農地法により許可や届出がないと所有権の移転ができない農地や採草放牧地については、売買契約を締結した日）を資産の取得の日とすることもできる。

② 自分で建設、製作、製造などをした資産は、建設などが完了した日

③ ほかに請け負わせて建設などをした資産は、その資産の引渡しを受けた日

④ 割賦販売による資産は、上記①に準じて資産の引渡しを受けた日

⑤ 相続、遺贈によって取得した資産については、原則として被相続人（または遺贈者）が取得した日（限定承認の場合、相続の開始日や包括遺贈があった日を取得の日とする）

⑥ 贈与によって取得した資産については、原則として贈与者が取得した日

⑦ 個人から時価の2分の1未満の価額（その価額が譲渡者のその資産の取得費より少ない場合に限る）で取得した資産は、譲渡者がその資産を取得した日

⑧ 交換や買換えをした旧資産の譲渡所得について、土地や建物などの資産を同種の資産と交換した場合の特例や収用などの場合の買換えの特例等の適用を受けている場合には、その交換・買換えにより取得した新資産の取得の日は、その交換・買換えにより譲渡した旧資産を取得した日になる。しかし特定の居住用財産の買換えの特例・特定事業用資産の買換えの特例などの適用を受けている場合の買換資産の取得の日については旧資産

〔図表2-16〕資産の譲渡の日

区　　分	譲　渡　の　日
原　　則	引渡しをした日（または契約の効力発生の日）
農地法の転用許可を要する農地、採草放牧地	引渡しをした日（または契約を締結した日）

を取得した日は引き継がれないので、新資産を実際に取得した日となる。

(2) 譲渡の日

取得の際の「取得の日」に対応するものに「譲渡の日」がある。資産を譲渡すると、原則として譲渡契約に基づいて、譲渡所得の対象となる資産を相手方に引き渡すことになるが、資産の譲渡の日はその資産を相手方に引き渡した日となる。

しかし、引渡しが済んでいない資産であっても、譲渡契約の効力発生の日（農地法により許可や届出がないと所有権の移転ができない農地や採草放牧地については、売買契約を締結した日）を譲渡の日として確定申告書を提出した場合には、契約の効力発生の日をもって譲渡の日とすることができる。したがって、取得した者が資産の引渡しを受けた日を取得の日としても、譲渡した者は資産の譲渡契約の効力発生の日を譲渡の日として、確定申告書を提出することができる〔図表2-16〕。

(3) 譲渡所得の「長期」「短期」の判定

土地建物等を譲渡した場合、短期譲渡所得となるか、長期譲渡所得となるかによって税額は大きく異なるが、その区分は譲渡のあった年の1月1日において所有期間が5年を超えるか否かにより判定する。

資産の取得の日や譲渡の日の判定にあたり、ある資産の所有期間を計算する場合、その資産の取得の日を契約の効力発生の日とし、譲渡の日を引渡しの日とすることもできる。また、売主が譲渡の日として申告した日を買主が取得の日にする必要はない。

たとえば、〔図表2-17〕のような土地譲渡の場合に、長期譲渡になるか短期譲渡になるか判定してみることにする。取得の日を契約の効力発生の日とし、譲渡の日を引渡しの日として申告すれば、2025年1月1日現在で長期保有となる。それ以外はいずれの日をとっても短期保有となる。

なお、建物については、自分で建設した場合やほかに請け負わせて建設した場合には、契約の効力発生の日をもって取得の日として申告することはできず、あくまでも、建設等の完了した日または引渡しを受けた日となる。

〔図表2-17〕長期・短期の判定の例（土地の場合）

❸ 総収入金額と取得費、譲渡費用

（1）総収入金額

　譲渡所得に係る収入金額とは、その年において資産の譲渡によって収入すべきことが確定した金額をいう。また、収入すべき金額が、金銭以外の物または権利その他経済的な利益の場合、それらの価額（時価）が収入金額となる。

　そのほか、以下のように定められている。

① 法人に対する贈与、限定承認に係る相続、法人に対する遺贈または個人に対する包括遺贈のうち限定承認に係るものを原因として、譲渡所得の基因となる資産の移転があった場合

　　贈与、相続または遺贈のあったときの価額（時価）で資産を譲渡したものとみなされ、その時価が収入金額となる。

② 法人に対して著しく低い価額（時価の2分の1未満）で譲渡した場合（**低額譲渡**）

　　その譲渡のあったときの価額（時価）で資産を譲渡したものとみなされ、その**時価**が収入金額となる。

　　なお、個人に対して譲渡所得の対象となる資産を時価の2分の1未満で譲渡した場合は、その売買価額で譲渡所得が計算され、時価と売買価額との差額について所得税は課されない。しかし、贈与税の課税対象になるので注意を要する。

注 上記①②の場合の時価は、通常の売買取引で成立すると認められる資産の価額をいい、相続税や贈与税を課す場合に適用される財産評価額等とは異なる。

③ 借地権や地役権を設定して長期間土地を貸し付けたり、既に設定されている借地権を

長期間転貸したような場合で、その設定などの対価として受け取る権利金等が、土地の価額の2分の1（転貸の場合には借地権の価額の2分の1）を超えている場合

これらの資産の譲渡があったものとみなされ、譲渡所得の対象となる。この場合、借地権等の設定の対価として受け取る権利金等が収入金額となる。

④ 交換や現物出資等により資産を譲渡して、相手から代わりの資産や株式などを受け取った場合

原則として、その受け取った物や権利などの時価が収入金額となる。

⑤ 借家人が賃貸借の目的とされている家屋の立ち退きに伴って立退料を受け取った場合

借家権の消滅の対価の額に相当する部分の金額が収入金額となる。

⑥ 譲渡代金の全部または一部を回収することができなくなった場合や、保証債務を履行するため資産を譲渡したが、債務者に対し求償権の全部または一部を行使することができなくなった場合

回収不能の金額や求償権の行使ができなくなった金額は、譲渡所得の金額の計算上、収入金額がなかったものとみなされる。

(2) 取得費

譲渡所得の金額の計算上控除される資産の取得費とは、原則として資産の取得に要した金額（取得価額）に、設備費と改良費を加えた合計額をいう。ただし、譲渡資産が家屋などのように、使用したり、期間が経過することによって価値が減少する資産であるときは、取得価額、設備費および改良費の合計額から、その減価償却費相当額を差し引いたものが、取得費とされる。

取得費

取得に要した金額（取得価額）＋（設備費＋改良費）－減価償却費相当額

① 取得に要した金額（取得価額）

取得価額とは、資産を取得したときの購入代金や建築代金をいうが、そのほか、資産の取得に関連して支出した次のような費用も含まれる。

a．ほかから購入した資産

購入代金のほか、引取運賃、搬入費、据付費、購入手数料などや、土地や建物を購入する際に支払った立退料など。

b．自分で建築・製造などした資産

建築や製造などのために要した原材料費、労務費、経費など。

c．土地とともに取得した建物の取壊し費用

建物などが建っている土地（借地権も含む）を取得した場合で、取得後おおむね1年以内にその建物を取り壊すなど、取得の当初から、その土地の利用を目的としている場合の建物などの取壊し損失（その建物などの帳簿価額と取壊しに要した費用との合計額から、廃材などの処分価額を差し引いた金額）は、その土地の取得価額に算入する。

d．所有権等を確保するために要した訴訟費用

取得に関し争いのある資産につき、所有権などを確保するために直接支出した訴訟費用や和解費用などは、その支出した年分の事業所得などの金額の計算上必要経費に算入したものを除き、取得価額に算入する。

e．借入金の利子

固定資産の取得のために借り入れた資金の利子のうち、その固定資産の**使用開始の日**（固定資産の取得後、その固定資産を使用しないで譲渡した場合には譲渡の日）までの期間に対応する部分の金額は、事業所得などの金額の計算上必要経費に算入したものを除き、**取得価額に算入する**。

f．土地建物等の登録免許税（登録に要する費用を含む）、不動産取得税

業務用の土地建物等に係るものは、支出した年分の事業所得などの金額の計算上必要経費に算入し、非業務用の土地建物等に係るものは、取得価額に算入する。

② 設備費および改良費

設備費とは、資産を取得したのちに付加した設備費用のことであり、改良費とは、資産を取得したのちに資産に加えた改良のための費用をいう。

③ 特殊な場合の取得費

特殊な場合の取得費については、次のように計算する。

a．贈与、相続等により取得した資産の取得費

個人が贈与、相続（限定承認に係るものを除く）または遺贈（包括遺贈のうち限定承認に係るものを除く）により取得した資産については、**贈与者、被相続人が取得した際の取得費がそのまま引き継がれる**（相続・贈与による登記費用・名義書換料は加算する）。

ただし、個人が限定承認による相続または限定承認による包括遺贈により取得した資産については、取得したときの時価が取得費となる。

b．低額譲渡により取得した資産の取得費

個人から、時価より著しく低い価額（時価の2分の1未満）で譲り受けた資産で、その譲渡価額がその資産の譲渡者の取得費よりも少ない場合は、その資産の譲渡者の取得

費がそのまま引き継がれる。

④ 相続財産を譲渡した場合の取得費の特例

相続または遺贈により資産を取得し、かつ、相続税を納めた者が、その資産を相続開始のあった日の翌日から相続税の申告期限の翌日以後3年以内に譲渡した場合には、その資産の本来の取得費に、その者に課された相続税額のうち、譲渡した資産に対応する部分の金額として、次の算式により計算した金額を加算することができる。

取得費に加算する相続税額

$$その者の相続税額 \times \frac{譲渡資産の相続税評価額}{その者の相続税の課税価格（債務控除前）}$$

⑤ 減価償却費相当額

取得価額から控除する減価償却費相当額とは、業務の用に供していた資産（不動産所得、事業所得、山林所得または雑所得を生ずる業務の用に供されていた資産）の場合は、業務の用に供していた期間内の各年分の所得の金額の計算上必要経費に算入される償却費の累積額をいう。

一方、**非業務用資産**の減価償却費相当額は、次の算式により計算される。

非業務用資産の減価償却費相当額

$$\begin{matrix}取得価額等 \\ （取得価額＋設備費＋改良費）\end{matrix} \times 0.9 \times \begin{matrix}譲渡資産の耐用年数の\textbf{1.5倍}の \\ 年数に応じた旧定額法の償却率\end{matrix} \times 経過年数$$

（※1） 耐用年数の1.5倍の年数に1年未満の端数が生じたときは切り捨てる。
（※2） 経過年数に1年未満の端数があるときは、①6カ月以上の場合は1年とし、②6カ月未満の場合は切り捨てて計算する。

⑥ 概算取得費

借家権等、通常取得費がないものとされる資産の譲渡を除き、譲渡所得の金額を計算する場合の取得費は、収入金額の**5%**相当額とすることができる。

(3) 譲渡費用

資産の譲渡に要した費用とは、以下のようなものをいう（取得費とされるものを除く）。
① 譲渡に際して支出した**仲介手数料**、運搬費、登記・登録に要する費用など、譲渡のために直接要した費用
② 譲渡のために借家人などを立ち退かせるための立退科や、土地、借地権を譲渡するため、その土地の上にある建物などを取り壊した場合の取壊し費用

③ 既に売買契約を締結している資産を、さらに有利な条件でほかに譲渡するため、前の契約を解除したことに伴い支出した違約金

④ 譲渡した資産の価値を増加させるために、譲渡に際して支出した費用

なお、譲渡費用には、譲渡資産の修繕費、固定資産税、その他資産の維持または管理に要した費用を含めることはできない。

❹ 一般の資産の譲渡

土地建物等および株式等以外の一般の資産の譲渡の場合は、譲渡資産の所有期間がその資産の取得の日以後5年以内のものを短期譲渡、5年超のものを長期譲渡として区分する。ただし、自己の研究成果である特許権、実用新案権その他の工業所有権、自己の育成の成果である育成者権、自己の著作に係る著作権および自己の探鉱により発見した鉱床に係る採掘権は、所有期間が5年以内の場合でも長期譲渡となる。

(1) 譲渡所得の金額の計算

一般の資産を譲渡した場合の譲渡益および譲渡所得の金額は、次の算式により計算する。

譲渡所得の金額

- ・短期譲渡所得＝総収入金額−(取得費＋譲渡費用)−特別控除額（最高50万円）
- ・長期譲渡所得＝総収入金額−(取得費＋譲渡費用)−特別控除額（最高50万円の残額）

なお、同一年に長期譲渡所得と短期譲渡所得がある場合、譲渡所得の特別控除額50万円はまず短期譲渡所得となる金額のほうから差し引き、控除しきれない場合はその残額を長期譲渡所得の金額（2分の1を乗じる前の金額）から控除することになる。

(2) 課税の方法

長期譲渡所得の場合はその所得の金額の2分の1が、短期譲渡所得の場合はその所得の金額そのものが、給与所得などのほかの所得の金額と合算されて総合課税の対象となる。

❺ 土地建物等の譲渡

　土地建物等の譲渡の場合は、その譲渡のあった年の1月1日現在において所有期間が5年以下のものを短期譲渡、5年超のものを長期譲渡として区分する。この場合の所有期間とは、譲渡した土地建物等を取得した日の翌日から引き続き所有していた期間をいう。

(1) 譲渡所得の金額の計算

　土地建物等の譲渡の場合の譲渡所得の金額は、長期譲渡所得、短期譲渡所得ごとに次の算式により計算する（特別控除は、居住用財産の売却など一定の要件を満たす場合に、一定の額が適用される）。

譲渡所得の金額（土地建物等）

> 総収入金額−（取得費＋譲渡費用）−特別控除額

(2) 課税の方法

　土地建物等の譲渡についてはほかの所得と分離して課税される。**長期譲渡**と**短期譲渡**で課税の方法が異なるが、この区分はその譲渡のあった年の1月1日現在において所有期間が5年超か5年以下かによる。税額は、次の算式による金額となる。なお、土地建物等の譲渡についての課税に関してはさまざまな特例等が設けられている。

短期譲渡の税額（土地建物等）

> 課税短期譲渡所得金額×39.63%（所得税30.63%、住民税9%）

長期譲渡の税額（土地建物等）

> 課税長期譲渡所得金額×20.315%（所得税15.315%、住民税5%）

❻ 株式等の譲渡

個人が行う株式等の譲渡による所得については、保有期間による区分はない。
分離課税の対象となる「株式等」とは、以下のとおりである。

① 株式（株式の引受による権利および新株引受権等を含む）

② 特別の法律により設立された法人の出資者の持分、合名・合資・合同会社の社員持分、協同組合等の持分、その他法人の出資者の持分

③ 転換社債および新株引受権付社債

④ 協同組織金融機関の優先出資に関する法律に規定する優先出資（優先出資者となる権利および優先出資の割当てを受ける権利を含む）および、資産の流動化に関する法律に規定する優先出資（優先出資社員となる権利および同法に規定する引受権を含む）

⑤ 投資信託の受益権

⑥ 特定受益証券発行信託の受益権

⑦ 社債的受益権

⑧ 公社債（預金保険法に規定する長期信用銀行債等、農水産業協同組合貯金保険法に規定する農林債および償還差益について発行時に源泉徴収がされた割引債を除く）

　ただし、先物取引によるもの、株式形態のゴルフ会員権は除き、外国株式等を含む。

(1) 譲渡所得の金額の計算

　株式等の譲渡の場合の譲渡所得の金額は、一般株式等、上場株式等ごとに、次の算式により計算する。

株式等の譲渡所得の金額

総収入金額−（取得費＋負債利子＋譲渡費用）

(2) 課税の方法

　税額は、一般株式等、上場株式等ごとに、次の算式による金額となり、ほかの所得と分離して課税される。なお、2016年1月1日から特定公社債等の償還または一部解約については、一般株式等または上場株式等の譲渡とみなして、所得税15.315%、住民税5%の税率による申告分離課税の対象とされている。

株式等の譲渡による税額

株式等の譲渡に係る課税譲渡所得等の金額×20.315%（所得税15.315%、住民税5%）

　株式等の譲渡に係る譲渡所得等の金額の計算上生じた損失があるときは、その損失の金額は、株式等の譲渡に係る譲渡所得等の金額相互間で通算することはできる（ただし、上場株式等と一般株式等の相互間では通算できない）が、原則としてその他の所得金額から

は控除できない。ただし、一定の**上場株式等の配当所得**および特定公社債等の利子所得について**申告分離課税**を選択した場合は、その配当所得等の金額から上場株式等および特定公社債等の**譲渡損失の金額を控除**することができる。そのほか、上場株式等および特定公社債等の譲渡についての課税に関しては、さまざまな特例等が設けられている。

(3) 出国時の譲渡所得税の特例

① 概要

2015年 7 月 1 日から国外転出をする居住者（国外転出の日前10年以内に、国内に住所または居所を有していた期間の合計が 5 年超である者）が、時価 1 億円以上の有価証券等を所有する場合には、その国外転出の時に、時価によりその有価証券等の譲渡等をしたものとみなして、所得税が課税される。

② 取消し

本特例の適用を受けた者が、国外転出後 5 年（または10年）を経過する日までに帰国をした場合には、その国外転出の時において所有していた有価証券等のうち、その国外転出の時以後引き続き所有していたものについては、原則として本特例による課税が取り消される。

③ 納税猶予

国外転出をする居住者でその国外転出の時において所有する有価証券等につき本特例の適用を受けたものが、その国外転出する年分の確定申告書に納税猶予を受けようとする旨の記載をした場合には、その国外転出する年分の所得税のうち本特例によりその有価証券等の譲渡があったものとされた所得に係る部分については、その国外転出の日から 5 年を経過する日（同日前に帰国をする場合には、同日とその者の帰国の日から 4 月を経過する日のいずれか早い日）まで、その納税が猶予される。

なお、この納税猶予は、その所得税に係る確定申告書の提出期限までに、納税猶予分の所得税額に相当する担保を供し、かつ、納税管理人の届出をした場合に適用される。

納税猶予の期限は、延長の届出書を提出することで、5 年間延長する（国外転出の日から10年を経過する日までとする）ことができる。この場合の上記②による課税の取消しは、国外転出の日から10年を経過する日までに帰国をした場合に適用することができる。

納税猶予を受けている者は、納税猶予の期間中、各年の12月31日（基準日）における当該納税猶予に係る有価証券等の種類、名称等を記載した「継続適用届出書」を、基準日の属する年の翌年 3 月15日までに、税務署長に提出しなければならない。当該届出書を提出期限までに提出しなかった場合には、その提出期限の翌日から 4 月を経過する日をもって、

納税猶予が打ち切られる。なお、納税猶予が打ち切られた場合には、その時点で猶予されていた所得税と納税猶予された期間に係る利子税を納付する義務が生じる。

実務上のポイント

- 法人に対して時価の2分の1未満の金額で資産を譲渡した場合、譲渡があったときの時価を総収入金額に算入する。

- 借家権等を除き、譲渡所得の金額を計算する場合の取得費は、収入金額の5％相当額とすることができる（概算取得費）。

- 贈与や相続により財産を取得した場合、贈与者・被相続人が取得した際の取得費がそのまま引き継がれる。

- 土地建物等の譲渡の場合、譲渡のあった年の1月1日現在で所有期間が5年超（長期譲渡所得）か5年以下（短期譲渡所得）かで課税方法が異なる。

- 土地建物等および株式等以外の一般の資産の譲渡の場合、長期譲渡所得・短期譲渡所得の区分は、譲渡した時点における所有期間が5年超（長期譲渡所得）か5年以下（短期譲渡所得）かで判定する。

- 一般の資産の譲渡において、同一年に短期譲渡所得と長期譲渡所得がある場合、譲渡所得の特別控除額50万円は、まず短期譲渡所得から差し引き、なお引ききれない残額がある場合は長期譲渡所得（2分の1を乗じる前の金額）から差し引く。

第7節

一時所得

① 一時所得とは

　一時所得とは、営利を目的とする継続的行為から生じた所得以外の一時的な所得で、労務その他の役務または資産の譲渡の対価としての性質を有しないものをいう。

　一時所得に該当する所得には、次のようなものがある。

① 　懸賞の賞金品、福引の当せん金品等（業務に関連して受けるものを除く）

② 　競馬の馬券・競輪の車券の払戻金等（馬券等の購入を機械的・網羅的・大規模に行っている場合等を除く）

③ 　自分で保険料を負担した生命保険契約に基づく一時金および損害保険契約等に基づく**満期返戻金**等

④ 　法人から贈与された金品（ふるさと寄附金をした者が地方公共団体から謝礼を受けた場合などを含む。業務に関連して受けるもの、継続して取得するものを除く）

⑤ 　借家の立ち退き等に際して受ける**立退料**（借家権の譲渡に該当するものを除く）

⑥ 　遺失物拾得者または埋蔵物発見者が受ける報労金等

② 一時所得の金額の計算

　一時所得の金額は、次の算式により計算し、その2分の1の金額がほかの所得と合計されて総合課税の対象となる。

　算式におけるその収入を得るために支出した金額とは、その収入を生じた各行為または各原因ごとに、その収入を得るために直接要した金額に限られる。

　特別控除額は50万円であるが、収入金額から収入を得るために支出した金額を控除した残額が50万円に満たない場合は、その残額の金額とされる。

一時所得の金額と課税対象額

一時所得の金額＝総収入金額－その収入を得るために支出した金額－ 特別控除額（50万円）

課税される金額＝一時所得の金額× $\frac{1}{2}$

（※）収入の時期は、支払を受けた日である。ただし、支払を受けるべき金額が通知されているものは通知を受けた日である。なお、生命保険金等の一時金は支払を受けるべき事実が生じた日による。

なお、同一年内に複数の生命保険契約に基づく一時金がある場合の一時所得の金額は、保険契約ごとに計算するのではなく、収入金額である受取保険金の合計額から、それに係る保険料の合計額を控除し、さらに特別控除額を控除して計算することとなる。

ただし、掛捨ての保険のように受取保険金がない保険契約の保険料は、控除する保険料に含めることはできない。

❸ 一時所得の課税方法

一時所得は、原則としてほかの所得と合計して総合課税の対象となるが、総所得金額を計算するときには、一時所得の金額の2分の1をほかの所得と合計することになっている。また、一時所得の金額の計算上損失を生ずることがあっても、その損失は損益通算によってほかの所得から控除することは認められていない。

また、**一時払養老保険**、一時払損害保険等（**保険期間が5年以内、5年以内の解約返戻金**など一定の要件を満たすもの）の差益等については、**20.315%**（所得税15.315%、住民税5%）の税率による**源泉分離課税**が適用されるので、確定申告の必要はない。

実務上のポイント

・一時所得は、原則として総合課税で、50万円の特別控除があり、総所得金額に算入する際は2分の1を乗じる。

・一時払養老保険等（保険期間が5年以内であるなど一定の要件を満たすもの）の差益等については、20.315%の源泉分離課税が適用される。

第8節

雑所得

❶ 雑所得とは

　雑所得とは、利子所得、配当所得、不動産所得、事業所得、給与所得、退職所得、山林所得、譲渡所得および一時所得以外の所得をいい、次のようなものがある。

① 　法人の役員等の勤務先預け金の利子（従業員分は利子所得）

② 　学校債、組合債等の利子

③ 　定期積金または相互掛金の給付補てん金

④ 　抵当証券の利息、**外貨預金の為替差益**

⑤ 　所得税、住民税等の還付加算金

⑥ 　人格のない社団等の構成員が受ける収益の分配金のうち、清算分配金以外のもの

⑦ 　法人の株主等が株主等である地位に基づいて受ける経済的利益で、配当所得とされないもの（株主優待券等）

⑧ 　次に掲げる公的年金等

　　a．過去の勤務に基づき使用者であった者から支給される年金、恩給（一時恩給を除く）

　　b．社会保険制度（国民年金、厚生年金保険等）および共済制度等に基づく年金

　　c．確定給付企業年金法に基づく年金

　　d．中小企業退職金共済法に基づき分割払いの方法により支給される退職金

　　e．小規模企業共済法に基づき分割払いの方法により支給される共済金

　　f．確定拠出年金制度における分割（年金）払いの老齢給付金

⑨ 　**生命保険契約等に基づく年金**

⑩ 　次のような所得で、事業から生じたものとみなされないもの

　　a．動産（20トン以上の船舶、航空機を除く）の貸付による所得

　　b．工業所有権の使用料

c．温泉利用権の設定による所得

d．原稿料、作曲料、デザイン料、著作権使用料、講演料等

e．金銭の貸付による所得

f．不動産の継続売買による所得

g．保有期間が5年以内の山林の伐採または譲渡による所得

⑪　ビットコイン等の**暗号資産の売買等**を行うことにより生じる所得
（事業所得等の各種所得の基因となる行為に付随して生じる場合を除く）

なお、雑所得のうち、傷病者・遺族が受ける恩給・年金は**非課税**とされる。

⑫　業務に係るもの（副業に係る収入のうち、営利を目的とした継続的なもの）

❷ 雑所得の金額の計算

雑所得の金額は、次の①から③の合計額となる。

(1) 公的年金等に係る雑所得

①公的年金等

収入金額－公的年金等控除額＝公的年金等の雑所得

過去の勤務に基づき使用者であった者から支給される年金、恩給（一時恩給を除く）、国民年金、厚生年金保険、厚生年金基金など（以下「公的年金等」という）の所得の金額は、その年中の公的年金等の収入金額の合計額から公的年金等控除額を控除した金額（マイナスのときはゼロ）となる。公的年金等については、その支払の際に所得税が源泉徴収されるが、収入金額は源泉徴収税額を差し引く前の金額で計算する。

公的年金等控除額は、受給者の年齢、年金の収入金額に応じて定められており、〔図表2-18〕のように計算される。公的年金等の収入金額が1,000万円超の場合は上限額が設けられており、さらに、公的年金等に係る雑所得以外の所得に係る合計所得金額によって、控除額の計算方法が3つに区分されている。

〔図表2-18〕公的年金等控除額

公的年金等の収入金額（A）	公的年金等控除額		
	公的年金等に係る雑所得以外の所得に係る合計所得金額		
	1,000万円以下	1,000万円超 2,000万円以下	2,000万円超
130 (330) 万円以下	60 (110) 万円	50 (100) 万円	40 (90) 万円
130 (330) 万円超　410万円以下	A×25%＋27.5万円	A×25%＋17.5万円	A×25%＋7.5万円
410万円超　770万円以下	A×15%＋68.5万円	A×15%＋58.5万円	A×15%＋48.5万円
770万円超　1,000万円以下	A×5%＋145.5万円	A×5%＋135.5万円	A×5%＋125.5万円
1,000万円超	195.5万円	185.5万円	175.5万円

（※1）　上記表中、カッコ内は65歳以上の者の扱いである。
（※2）　受給者の年齢は、受給した年の12月31日現在の年齢で判定する。

(2) 業務に係るもの

②業務に係るもの

総収入金額－必要経費＝業務に係る雑所得

業務に係るものとは、副業に係る収入のうち、営利を目的とした継続的なものをいう。

(3) その他の雑所得

③①、②以外のもの

総収入金額－必要経費＝その他の雑所得

収入金額は、その年中に収入することが確定した金額である。また、原稿料や印税などは、その支払の際に所得税が源泉徴収されるが、収入金額は源泉徴収税額を差し引く前の金額で計算する。必要経費は、その収入を得るために支出した金額をいうが、ほかの9種類の所得のうち最も類似した所得についての必要経費に準ずる。

なお、生命保険契約等に基づく年金（個人年金）は公的年金等に該当しない。その所得の計算方法は次のとおりである。

生命保険契約等に基づく年金に係る雑所得の金額

年金の収入金額（A）－（A）× $\dfrac{\text{支払保険料（掛金）の総額}}{\text{年金の支払総額または支払総額の見込額}}$

（※） 上記算式中の分数の割合は、第3位を切り上げて、小数点以下第2位まで算出する。

加えて、個人年金保険の年金を一括で受け取るとき、その一時金は原則として一時所得とされるが、**保証期間付終身年金**の保証期間部分を一括で受け取る場合は、雑所得として総合課税の対象となる。これは、保証期間経過後に被保険者が生存していた場合、再び年金の受取が開始するため、全額一括の受取に該当しないためである。

(4) 相続等により取得した年金受給権に係る生命保険契約等に基づく年金

相続、遺贈または贈与により取得した年金受給権に係る生命保険契約や損害保険契約等に基づく年金（遺族が死亡保険金を年金で受給している場合など）は、年金として受給する生命保険金のうち相続税の課税対象となった部分については所得税の課税対象とならない。したがって、各年の「保険年金」を所得税の課税部分と非課税部分に振り分け、課税部分の所得金額（課税部分の年金収入額－課税部分の支払保険料）についてのみ所得税・住民税が課される。

---

❸ 雑所得の課税方法

株式等の譲渡に係る雑所得、定期積金・相互掛金の給付補てん金等や割引債の償還差益などを除き、雑所得はほかの所得と総合して課税される。

(1) 雑所得の源泉徴収

雑所得のうち特定のものについては、その支払等の際に源泉徴収が行われ、原則として確定申告によって税額を精算する。

① 原稿料、講演料、印税等については、支払金額の10.21％（1回の支払金額が100万円を超える場合のその超える部分の金額については20.42％）

② 公的年金等については、原則としてその年金から一定額を控除した残額の5.105％

③ 生命保険契約等に基づく年金については、原則としてその年金から一定額を控除した

残額の10.21％

　年金について源泉徴収された金額は、給与所得のように年末調整で源泉徴収税額が精算されるということはないので、原則として確定申告を要する。

　なお、公的年金等の収入金額が400万円以下で、かつ、当該年金以外のほかの所得の金額が20万円以下の者は確定申告が不要となる。源泉徴収の対象とならない公的年金等の支給を受ける者は、この確定申告不要制度を適用できない。

(2) 金融類似商品等の源泉分離課税

　割引債の償還差益および金融類似商品等の収益については、次のように源泉分離課税が行われる。

① 割引債の償還差益

　割引債については、その発行時に券面額と発行価額の差について18.378％の源泉分離課税とされていたが、2016年1月1日から割引債の償還差益については、株式等の譲渡所得等として20.315％（所得税15.315％、住民税5％）の申告分離課税の対象とされている。

② 金融類似商品等の収益

　次に掲げるものについては、**20.315％**（所得税15.315％、住民税5％）の**源泉分離課税**が行われ、課税関係が終了し、確定申告を行うことはできない。

・定期積金等の給付補てん金
・抵当証券の利息
・貴金属などの売戻し条件付き売買の利益
・外貨建て定期預金のうち、為替予約により、満期日の元本、利子の総額があらかじめ確定しているものの為替差益

(3) 先物取引に係る雑所得

　差金決済による先物取引に係る雑所得については、株式等の譲渡益に対する課税と同じように20.315％（所得税15.315％、住民税5％）の申告分離課税扱いとなる（取引所金融先物取引等や差金決済による店頭金融先物取引等もこの扱いとなっている）。

(4) 2022年分以後の業務に係る雑所得

　2022年分以後の所得税において、業務に係る雑所得を有する場合で、その年の前々年分の業務に係る雑所得の収入金額が300万円を超える場合、「現金預金取引等関係書類」を保

存する必要がある。

注「現金預金取引等書類」とは、居住者等が上記の業務に関して作成し、または受領した請求書、領収書その他これらに類する書類（自己の作成したこれらの書類でその写しのあるものは、その写しを含みます。）のうち、現金の収受もしくは払出しまたは預貯金の預入もしくは引出しに際して作成されたものをいいます。

また、業務に係る雑所得を有しており、その年の前々年分の業務に係る雑所得の収入金額が1,000万円を超える方が確定申告書を提出する場合には、総収入金額や必要経費の内容を記載した書類（収支内訳書など）の添付が必要になります。

なお、その年の前々年分の収入金額が300万円以下である方は、業務に係る雑所得の金額の計算上総収入金額および必要経費に算入すべき金額は、その年において収入した金額および支出した費用の額とすることができます（いわゆる現金主義の特例）。ただし、この特例を受けるには、確定申告書にこの特例を受ける旨を記載しなければなりません。

実務上のポイント

- 公的年金等控除額は、公的年金等に係る雑所得以外の所得に係る合計所得金額によって計算方法が異なる。
- 個人年金保険（保証期間付終身年金）の年金受取人が、年金支払開始日後に保証期間分の年金額を一括で受け取った場合、その一時金は、雑所得として総合課税の対象となる。

第**9**節

退職所得

① 退職所得とは

退職所得とは、退職手当、一時恩給その他の退職により一時に受ける給与およびこれらの性質を有する給与（これらの給与を「退職手当等」という）による所得をいう。

次のような一時金は、みなし退職手当等とされ、退職所得になる。

① 社会保険制度（国民年金、厚生年金保険等）および共済制度等に基づく一時金

② 確定拠出年金、**確定給付企業年金**等から老齢給付金として支給される**一時金**

③ 特定退職金共済団体、独立行政法人勤労者退職金共済機構、独立行政法人中小企業基盤整備機構等が行う**退職金共済**に関する制度に基づき、退職により支払を受ける**一時金**

④ **解雇予告手当**

なお、**死亡後3年以内に支給が確定した死亡退職金は相続税**が課税され、所得税は課税されない。**死亡後3年を超えて支給が確定した死亡退職金は一時所得**とされる。

② 退職所得の金額の計算

（1）退職所得の金額

退職所得の金額は、その年中の退職手当等の収入金額から勤続年数に応じた退職所得控除額を控除した残額の**2分の1**に相当する金額である。

なお、**確定給付企業年金**の老齢給付金を一時金で受け取った場合、一時金の金額から納税者が拠出した**掛金の金額を差し引いた額**が、退職所得の収入金額となる。対して、確定拠出年金では、一時金の金額が退職所得の収入金額となる。

退職所得の金額

$$（退職手当等の収入金額 － 退職所得控除額） × \frac{1}{2}$$

（※） 収入の時期は、支給の原因となった退職の日による。なお、役員退職金は株主総会等で決議があった日（具体的な支給金額が定められた日）となる。

（2）退職所得控除額

退職所得控除額の計算は次のとおりである。

通常の退職の場合

・勤続年数が20年以下の場合…………40万円×勤続年数（80万円未満は80万円）
・勤続年数が20年を超える場合………800万円＋70万円×（勤続年数－20年）

障害者になったことに直接基因して退職した場合

通常の退職として計算した退職所得控除額＋100万円

　勤続年数は、退職所得者が退職手当等の支払者のもとにおいて引き続き勤務した期間によって計算される。病気により長期欠勤や休職をした期間がある場合でも、当該期間が退職金支給額に反映されているかどうかにかかわらず、その期間は勤続年数に含める。ただし、その期間のなかに引き続き勤務しなかった期間があれば、その期間は、原則として勤続年数に含めず、その前後の勤務した期間を合算する。勤続年数の計算に1年未満の端数が生じたときは1年とする。

　同一年に2以上の退職金の支払を受ける場合は、これらの退職金ごとに勤続期間を計算し、そのうち最も長い勤続期間により勤続年数を算出する。ただし、その最も長い期間と重複していない期間がある場合は、その重複しない部分の期間を最も長い期間に加算して勤続年数を計算する。

（3）役員等の退職所得の計算

　役員等としての勤続年数が5年以下の者（特定役員等）は、退職所得の金額の計算上、退職手当等の収入金額から退職所得控除額を控除した残額を「2分の1」とする措置は適用されない。

特定役員退職手当等の退職所得の金額

退職手当等の収入金額−退職所得控除額

なお、ここでの「役員等」とは、次に掲げる者をいう。

① 法人の取締役、執行役、会計参与、監査役、理事、監事および清算人ならびにこれら以外の者で法人の経営に従事している一定の者

② 国会議員および地方公共団体の議会の議員

③ 国家公務員および地方公務員

その年中に特定役員退職手当等と一般退職手当等の両方がある場合の退職所得の算定については、両退職手当等を別々に算定するが、特定役員退職所得控除額は、次のとおりとなり、一般退職所得控除額は、退職所得控除額から特定役員退職所得控除額を控除した残額となる。

特定役員退職手当等と一般退職手当等の両方がある場合の特定役員退職所得控除額

40万円×(特定役員等勤続年数−重複勤続年数)+20万円×重複勤続年数

(4) 短期退職手当等

勤続年数が5年以下で役員等に該当しない者が支払を受ける退職手当等（短期退職手当等）について、短期退職手当等の収入金額から退職所得控除額を控除した残額のうち300万円を超える部分は、「2分の1」とする措置が適用されない。

短期退職手当等の退職所得の金額

・短期退職手当等の収入金額−退職所得控除額≦300万円の場合

$$(退職手当等の収入金額−退職所得控除額) \times \frac{1}{2}$$

・短期退職手当等の収入金額−退職所得控除額＞300万円の場合
150万円+{退職手当等の収入金額−(300万円+退職所得控除額)}

❸ 退職所得の課税方法

退職所得については、ほかの所得と**分離して課税**される。退職所得に係る所得税の税率は、総合課税の税率と同じである。

　一般に退職所得は、その支給の際に源泉徴収が行われて（139ページ参照）、そこで課税関係は終了するため、確定申告をする必要はない。ただし、次の場合には確定申告をする必要がある。

① 「**退職所得の受給に関する申告書**」を支払者に**提出しなかった**ため、その支給の際に「**退職手当等の額×20.42%**」の所得税の**源泉徴収**が行われ、実際の税額が源泉徴収された税額よりも多い場合（少ない場合は確定申告をすることにより差額分の税額が還付される）

② ほかの所得と損益通算する場合

③ ほかの所得から引ききれない繰越損失額を退職所得から引く場合

④ ほかの所得から引ききれない**所得控除額を退職所得から引く**場合

⑤ ほかの所得に対する税額から引ききれない税額控除額を退職所得の税額から引く場合

実務上のポイント

- 勤続年数が20年以下である場合の退職所得控除額は「40万円×勤続年数」により算出され、当該金額が80万円に満たない場合は80万円となる。
- 障害者になったことに直接基因して退職した場合、退職所得控除額に100万円が加算される。
- 同一年に2カ所以上の勤務先から退職金を受け取る場合、退職金ごとの勤続期間のうち最も長い勤続期間により、勤続年数を算出する。ただし、その最も長い期間に重複していない期間がある場合、その重複しない部分の期間を最も長い期間に加算する。
- 退職金の支払を受ける時までに「退職所得の受給に関する申告書」を支払者に提出しなかった場合、所得税について、退職手当等の金額に20.42%の税率を乗じて計算した金額に相当する税額が源泉徴収される。
- 退職金の支払を受ける時までに「退職所得の受給に関する申告書」を支払者に提出していた場合、退職所得の金額にかかわらず、原則としてその退職所得について確定申告は不要である。
- 確定給付企業年金の老齢給付金を一時金で受け取った場合、一時金の金額から納税者が拠出した掛金の金額を差し引いた額が、退職所得の収入金額となる。
- 国家公務員または地方公務員が、勤続年数5年以下で退職して受け取った退職手当は、当該職員の役職にかかわらず、特定役員退職手当等として退職所得の金額を計算することになる。
- ほかの所得から控除しきれない所得控除額を退職所得の金額から控除する場合、確定申告を行う必要がある。

第10節

山林所得

❶ 山林所得とは

山林所得とは、山林の伐採または立木のままの譲渡による所得をいう。

ただし、山林をその取得の日以後**5年以内**に**伐採**または立木のままの**譲渡**をしたことによる所得は、山林所得に含まれず、**事業所得または雑所得**となる。

また、土地とともに山林を譲渡した場合には、山林の譲渡から生じた部分の金額は山林所得となり、土地の譲渡から生じた部分の金額は譲渡所得となる。

❷ 山林所得の金額の計算

山林所得の金額は、次の算式により計算する。

山林所得の金額

総収入金額－必要経費－特別控除額（50万円）

特別控除額は50万円であるが、収入金額から必要経費を控除した残額が50万円に満たない場合は、その残額の金額とされる。

なお、青色申告者については、必要経費のほかに**青色申告特別控除額**（10万円）を控除することができる。

（1）総収入金額

山林所得に係る総収入金額は、その年中に山林を伐採して譲渡したり、立木のまま譲渡した代金などの合計額である。

（2）必要経費

必要経費としては、その年に譲渡した山林の取得費・苗木代・植付け費・租税公課・雇人費・借入金利息・育成費・伐採費・譲渡費用などがある。

相続、贈与、個人からの低額譲渡（譲渡損の場合）により取得した山林については、その相続等以前の取得費を引き継ぐ。

（3）概算経費控除

伐採または譲渡した年の15年前の年の12月31日以前から引き続き所有していた山林については、次の算式により必要経費を算出することができる。

概算経費控除による必要経費

（収入金額－譲渡費用等）×概算経費率（50%）＋譲渡費用等

❸ 山林所得の課税方法

山林所得はほかの所得と総合されず、分離して課税される。具体的には5分5乗方式により課税されるため、累進性を緩和する方式となっている。

5分5乗方式とは、その年の課税山林所得金額の5分の1に相当する金額に総合課税の税率を適用して税額を計算し、その税額を5倍して年税額とする方式をいう。

山林所得の年税額

$$\left\{\left(課税山林所得金額 \times \frac{1}{5}\right) \times 総合課税の税率\right\} \times 5$$

第 **3** 章

損益通算

第**1**節

損益通算の仕組み

❶ 損益通算とは

　所得税は総合課税を原則としており、各種所得の金額をそれぞれ計算した後に、各所得金額を合算して総所得金額を計算する。各種所得の金額が黒字であれば総所得金額を求めるのは容易であるが、各種所得の金額が赤字（損失）となる場合もある。

　その場合、損失のうち特定のものは、一定の順序に従ってほかの黒字の所得の金額から差し引くことができる。これを**損益通算**という。

(1) 損益通算の対象となるもの

① **不動産所得**の計算上生じた損失
② 事業所得の計算上生じた損失
③ 譲渡所得の計算上生じた損失
④ 山林所得の計算上生じた損失

　ただし、上記①〜③のうち、以下の「損益通算の対象とならないもの」に該当するものは除く。

(2) 損益通算の対象とならないもの

　上記の不動産所得、事業所得、譲渡所得、山林所得以外の所得（配当所得、一時所得、雑所得、給与所得）の計算上生じた損失の金額は、損益通算の対象とならない。

　また、不動産所得、事業所得、譲渡所得の計算上生じた損失であっても、以下のものについては、損益通算の対象とならない。

① **株式等の譲渡に係る譲渡所得等の金額の計算上生じた損失**

　申告分離課税の株式等に係る譲渡所得等の金額の計算上生じた損失がある場合は、株式等に係る譲渡所得等以外の所得の金額と損益通算できない。また逆に、株式等に係る譲渡

所得等以外の所得の損失も、株式等に係る譲渡所得等の金額と損益通算できない。

　ただし、上場株式等の配当等（発行済株式総数等の3％以上を所有する大口株主等が支払を受けるものを除く）および特定公社債の利子等について申告分離課税を選択した場合は、損益通算の特例として、その配当所得等の金額から、その年分に生じた上場株式等および特定公社債等の譲渡所得等の損失を控除することができる（**非上場株式の譲渡損失の金額とは損益通算できない**）。

② 非課税所得の計算上生じた損失

　たとえば、生活用動産の譲渡による損失など。

③ 生活に通常必要でない資産に係る所得の計算上生じた損失

　生活に通常必要でない資産とは、通常、本人やその親族等が居住の用に供しない家屋で、主として趣味、保養等の目的で所有する不動産（別荘など）や、生活の用に供する動産で、その譲渡につき非課税とされる生活用動産に該当しないもの（1個または1組の価額が30万円を超える貴金属、書画、骨とう品等）などをいう。

　なお、**ゴルフ会員権等の譲渡による損失**については、他の所得と損益通算することができなくなっている。

④ 低額譲渡による損失

　個人に対して資産を時価の2分の1未満で譲渡したことにより生じた損失。

⑤ 不動産所得の計算上生じた赤字（損失）のうち次に掲げる損失

　次に掲げるような損失の金額は、その損失が生じなかったものとみなされ、ほかの各種所得の金額から控除することはできない。

　a．別荘等の生活に通常必要でない資産の貸付に係るもの

　b．**土地**（土地の上に存する権利を含む）を取得するために要した**負債の利子**に相当する部分の金額

- 「土地等を取得するために要した負債の利子＞不動産所得の赤字（損失）」のケース
　→不動産所得の赤字（損失）の金額
- 「土地等を取得するために要した負債の利子≦不動産所得の赤字（損失）」のケース
　→土地等を取得するために要した負債の利子相当額

注 土地と建物を一括取得した場合において、これらの資産（土地、建物）の別に負債の額を区分することが困難であるときは、その負債の額はまず建物の取得の対価に充てられたものとして、次の算式により土地等の取得に係る負債の利子を計算することができる。

土地等の取得に係る負債の利子

$$負債の利子 \times \frac{借入金の額 - 建物の取得価額}{借入金の額}$$

---

c．一定の組合契約に基づいて営まれる事業から生じたもので、その組合の特定組合員に係るもの

d．国外中古建物から生じた不動産所得の損失の金額のうち、国外中古建物の減価償却費に相当する部分の金額（耐用年数に簡便法を適用した場合などに限る）。

注 この損失の金額は、国内にある不動産から生ずる不動産所得との内部通算もできない。

⑥ **先物取引に係る雑所得等の金額の計算上生じた損失**

申告分離課税の先物取引に係る雑所得等の金額の計算上生じた損失は、先物取引に係る雑所得等以外の所得の金額と損益通算できない。また逆に、先物取引に係る雑所得等以外の所得の損失も、先物取引に係る雑所得等の金額と損益通算できない。

⑦ **土地建物等の譲渡に係る譲渡所得の金額の計算上生じた損失**

土地建物等の譲渡に係る譲渡所得の金額の計算上生じた損失は、土地建物等の譲渡による所得以外の所得との損益通算および翌年以降への繰越しは認められない。また、逆に土地建物等の譲渡による所得以外の所得の損失も、土地建物等の譲渡に係る所得の黒字と損益通算することはできない。

ただし、居住用財産の買換え等の譲渡損失、特定の居住用財産の譲渡損失は、一定の要件を満たせば損益通算および翌年以降への繰越しが認められている（買換えを伴うものは、金額に制限なく繰越しが認められ、買換えを伴わないものは、取得に係るローンの残高が売却価額を超える額のみ認められる）。

Q: **例 題**

次の①、②について、不動産所得の金額の計算上生じた損失のうち、損益通算の対象とならない金額はそれぞれいくらになるか。いずれも、総収入金額150万円、必要経費200万円とする。
① 必要経費のうち土地等の取得に要した負債の利子の額が60万円の場合
② 必要経費のうち土地等の取得に要した負債の利子の額が40万円の場合

① 総収入金額：150万円
　必要経費：200万円
　損失金額：▲50万円（50万円＜60万円）
　損益通算の対象とならない金額：50万円（損益通算の対象　0円）
② 総収入金額：150万円
　必要経費：200万円
　損失金額：▲50万円（50万円≧40万円）
　損益通算の対象とならない金額：40万円（損益通算の対象　10万円）

第3章

② 損益通算の順序

損益通算の順序は〔図表3－1〕のとおりである。

〔図表3－1〕損益通算の順序

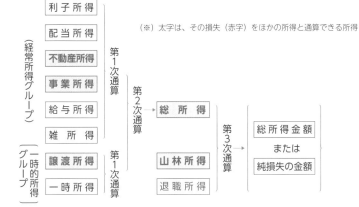

(1) 第1次通算

不動産所得または事業所得の損失は、経常所得（利子・配当・不動産・事業・給与・雑の各所得をいう）のうち黒字の所得から差し引く。譲渡所得の損失は、譲渡所得相互間で損益を通算し、通算しきれずに残った損失は、一時所得（特別控除後で2分の1を乗じる前）から差し引く。

(2) 第2次通算

不動産所得または事業所得の損失で、第1次通算によってもなお通算しきれない場合には、その損失は譲渡所得（特別控除後で2分の1を乗じる前）から差し引き、それでも損失が残っている場合には一時所得（特別控除後で2分の1を乗じる前）から差し引く。譲渡所得の損失が第1次通算によっても残る場合は、経常所得から差し引く。

(3) 第3次通算

第2次通算を行ってもなお残った損失（総所得や山林所得の赤字）については、さらに次のように第3次通算を行う。

① 総所得が赤字、山林所得が黒字の場合

総所得の赤字は、まず山林所得（特別控除後）から差し引き、それでも赤字の場合は退職所得（2分の1を乗じた後）から差し引く。

② 山林所得が赤字、総所得が黒字の場合

山林所得の赤字は、まず経常所得から差し引き、次いで譲渡所得（特別控除後で2分の1を乗じる前）、一時所得（特別控除後で2分の1を乗じる前）、退職所得（2分の1を乗じた後）という順序で差し引く。

③ 総所得、山林所得とも赤字の場合

まず、総所得の赤字を退職所得（2分の1を乗じた後）から差し引き、次いで山林所得の赤字を退職所得（2分の1を乗じた後）から差し引く。

以上の損益通算によって、総所得金額、山林所得金額、退職所得金額が算出される。

(4) 損益通算の留意点

損益通算を行う場合の各種所得の計算については、以下の点に留意する。

- 源泉分離課税の対象となるものを除く
- 一時所得……特別控除（50万円）後で2分の1を乗じる前
- 総合課税の短期譲渡所得……特別控除後
- 総合課税の**長期譲渡所得**……**特別控除後で2分の1を乗じる前**
- 山林所得……特別控除後
- 退職所得……2分の1を乗じた後

第3章

実務上のポイント

- 土地等を取得するために要した負債の利子に相当する部分の金額は、他の所得と損益通算することができない。なお、建物取得のための負債の利子は、損益通算することができる。
- ゴルフ会員権の譲渡損失は、他の所得と損益通算することができない。
- 総合課税の長期譲渡所得と一時所得は、他の所得と損益通算する場合、特別控除後で2分の1を乗じる前の金額で計算を行う。
- 退職所得は、他の所得と損益通算する場合、退職所得控除額を控除した金額に2分の1を乗じた後の金額で計算を行う。
- 内国法人から支払を受ける上場株式の配当について申告分離課税を選択した場合、その配当所得の金額は、上場株式の譲渡損失の金額と損益通算することができる。ただし、非上場株式の譲渡損失の金額と損益通算することはできない。

損失の繰越し・繰戻し

　所得税の計算は暦年単位課税が原則であるが、損益通算の結果、純損失の金額が生じた場合など特定の場合に限り、暦年単位課税の例外として、損失の金額を翌年以降3年間繰り越して控除するか、または前年に繰り戻して還付を受けることができる。

❶ 純損失の繰越しと繰戻還付

(1) 純損失の繰越控除

　損益通算を行ってもなお残った損失のことを純損失という。所得金額の計算は、原則として1年ごとに独立して計算する暦年単位課税によって行うが、純損失の金額は特定の場合に限り、翌年以降**3年**間繰り越して、順次その年の所得金額から控除することができる。これを**純損失の繰越控除**という。株式等の譲渡所得の金額の計算上生じた損失や土地建物等の譲渡所得の金額の計算上生じた損失は、原則としてこの繰越控除の適用を受けられないが、特例が定められている。

　なお、純損失の繰越控除は、青色申告者と白色申告者とで異なる〔図表3-2〕。

〔図表3-2〕純損失の繰越控除

区　分	繰越控除の対象	繰越控除の要件
青色申告者	● 純損失の金額	損失の生じた年の青色申告書を提出し、その後引き続いて確定申告書を提出していること
白色申告者	● 変動所得の損失 ● 被災事業用資産の損失	損失の生じた年に損金の金額を記載した確定申告書を提出し、その後引き続いて確定申告書を提出していること

(2) 純損失の繰戻還付

　青色申告者は、その年に純損失の金額が生じた場合は、損失申告書とともに還付請求書を提出することにより、前年分の所得税のうち一定の金額の還付を受けることができる。**繰戻しした後に純損失が残る場合は、その残額は繰越控除することができる。**

　この純損失の繰戻還付は、**青色申告者**だけに認められており、前年分の所得についても青色申告書を提出していることが要件となる。

❷ 雑損失の繰越控除

　損失の繰越控除には、純損失の繰越控除のほかに雑損失の繰越控除がある。

　雑損失の金額とは、雑損控除に規定する損失の金額の合計額が足切額を超える場合のその超える部分の金額をいう。雑損失の金額で、その損失の生じた年分の総所得金額等から雑損控除しきれなかった金額を、翌年以降3年間繰り越して、順次その年の所得金額から控除することができる。

　この雑損失の繰越控除は、青色申告者、白色申告者ともに適用できることになっているが、雑損失が生じた年において確定申告書を提出し、その後連続して確定申告書を提出することが必要である。

❸ 居住用財産の買換え等の場合の譲渡損失の損益通算および繰越控除

　譲渡の年の1月1日現在での所有期間が**5年**超の居住用財産の買換えにより生じた譲渡損失はほかの所得と損益通算を行い、通算しきれない譲渡損失は、翌年以降3年にわたりほかの所得から控除することができる。

(1) 適用要件

① 　個人が2025年12月31日までの間に居住用財産を譲渡し、譲渡した翌年12月31日までに買換資産を取得し、取得した年の翌年12月31日までに居住の用に供すること、または供する見込みであること

② 　譲渡資産が以前に住んでいた居住用財産である場合、居住の用に供されなくなった日

から **3 年を経過する日の属する年の12月31日**までの譲渡であること

③ 買換資産を取得した年の12月31日において買換資産に係る住宅借入金等の残高があること（住宅借入金等は償還期間が10年以上の割賦償還のものに限る）

(2) 留意点

① 譲渡資産に500㎡を超える家屋の敷地等が含まれている場合には、500㎡を超える部分に係る譲渡損失の金額は繰越控除の対象から除く

② 繰越控除が認められるのは、合計所得金額が**3,000万円以下**である年分に限られる（損益通算には所得要件はない）

③ 買換資産のうち、居住の用に供する部分の床面積が50㎡以上である必要がある

④ 親族等に対する譲渡は認められない

⑤ 住宅借入金等特別控除との併用が認められる

⑥ 住民税にも適用される

例 題

2024年に所有期間 5 年超の住宅を譲渡した。「居住用財産の買換え等の場合の譲渡損失の損益通算および繰越控除」を適用した場合、2024年から2026年までの所得税はいくらか。なお、給与所得の金額および源泉徴収税額は 3 年間変わらないものとする。

- 譲渡損失：2,000万円
- 給与所得：600万円
- 源泉徴収税額：22万7,100円（復興特別所得税を含む）

(1) 2024年
- 損益通算：▲2,000万円＋600万円＝▲1,400万円（翌年以降へ繰越し）
- 所得税：▲22万7,100円（還付）

(2) 2025年
- 譲渡損失の繰越控除：▲1,400万円＋600万円＝▲800万円（翌年以降へ繰越し）
- 所得税：▲22万7,100円（還付）

> (3) 2026年
> ・譲渡損失の繰越控除：▲800万円＋600万円＝▲200万円（翌年へ繰越し）
> ・所得税：▲22万7,100円（還付）

④ 特定居住用財産の譲渡損失の損益通算および繰越控除

　譲渡の年の1月1日現在での所有期間が**5年**超の居住用財産の譲渡により生じた譲渡損失はほかの所得と損益通算を行い、通算しきれない譲渡損失は、翌年以降3年にわたりほかの所得から控除することができる。

　前述した「居住用財産の買換え等の場合の譲渡損失の損益通算および繰越控除」は、買換資産を取得しなければ適用が受けられないが、この特例については買換資産を取得しなくても適用が受けられる。

(1) 適用要件

① 　個人が2025年12月31日までの間に居住用財産を譲渡すること
② 　譲渡資産が以前に住んでいた居住用財産である場合、居住の用に供されなくなった日から**3年を経過する日の属する年の12月31日**までの譲渡であること
③ 　譲渡契約の前日において譲渡資産の取得に係る住宅借入金等の残高があること（住宅借入金等は償還期間が10年以上の割賦償還のものに限る）
④ 　譲渡資産の譲渡価額が③の住宅借入金等の残高を下回っていること

(2) 留意点

① 　損益通算および繰越控除の対象となる譲渡損失の金額は、その譲渡資産の取得に係る住宅借入金等の金額（譲渡契約の前日における金額）からその譲渡資産の対価の額を控除した残額が限度となる
② 　繰越控除が認められるのは、合計所得金額が**3,000万円以下**である年分に限られる（損益通算には所得要件はない）
③ 　親族等に対する譲渡は認められない
④ 　住民税にも適用される

例　題

Q: ....

　2024年に所有期間 5 年超の住宅を譲渡した。「特定居住用財産の譲渡損失の損益通算および繰越控除」を適用した場合、2024年から2026年までの所得税はいくらか。なお、給与所得の金額および源泉徴収税額は 3 年間変わらないものとする。
- 譲渡損失：2,000万円（譲渡対価1,000万円、住宅借入金残高2,300万円）
- 給与所得：600万円
- 所得控除：280万円
- 源泉徴収税額：22万7,100円（復興特別所得税を含む）

A: ....

　対象となる損失の金額は、以下のとおりである。
2,000万円＞2,300万円－1,000万円＝1,300万円　∴1,300万円
(1)　2024年
・損益通算：▲1,300万円＋600万円＝▲700万円（翌年以降へ繰越し）
・所得税：▲22万7,100円（還付）
(2)　2025年
・譲渡損失の繰越控除：▲700万円＋600万円＝▲100万円（翌年以降へ繰越し）
・所得税：▲22万7,100円（還付）
(3)　2026年
・譲渡損失の繰越控除：▲100万円＋600万円＝500万円
・所得税：①（500万円－280万円）×10％－ 9 万7,500円＝12万2,500円
　　　　　②12万2,500円＋12万2,500円×2.1％＝12万5,072円
　　　　　③12万5,072円－22万7,100円＝▲10万2,028円（還付）

❺ 上場株式等に係る譲渡損失の繰越控除

　上場株式等（国内・国外証券取引所等に上場されている株式等）および特定公社債等の譲渡により譲渡損失が生じ、同一年内の上場株式等および特定公社債等の譲渡益ならびに上場株式等の配当所得等および特定公社債等の利子所得等の金額から控除しきれない場合は、確定申告を条件にその控除しきれなかった額を翌年以降 3 年間、上場株式等および特定公社債等の譲渡益ならびに申告分離課税を選択した上場株式等の配当所得等および特定公社債等の利子所得等から繰越控除することができる。

　なお、上場株式等に係る譲渡損失の繰越控除の適用は、証券会社等を通じて上場株式等を譲渡等した場合に限られる。したがって、非上場株式の譲渡損失については繰越控除の適用は受けられない。

❻ 先物取引の差金等決済に係る損失の繰越控除

　先物取引の差金等決済により損失が生じ、同一年内の先物取引に係る雑所得等から控除しきれない場合は、一定の要件のもとにその控除しきれなかった額を翌年以降 3 年間、先物取引に係る雑所得等から繰越控除することができる。

❼ 特定中小会社が発行した株式に係る譲渡損失の繰越控除（エンジェル税制）

　個人投資家が、ベンチャー企業が発行した株式を払込みにより取得し、上場等の前日までに一定の事由によりその価値を失った場合は、その損失は、株式等の譲渡所得等の金額と通算でき、通算しても控除しきれない場合は、翌年以降 3 年にわたって、株式等に係る譲渡所得等から繰越控除することができる。

　なお、2020年度税制改正により、株式投資型クラウドファンディングを通じて投資される会社が、本税制の適用対象に加えられている。また、都道府県等へ行う申請書類の重複が改善され、手続きが効率化された。具体的には、一定の要件を満たす適用対象会社の場合、都道府県知事等へ提出する申請書に、定款や事業報告書等の書類の添付を要しないこととされた。

第3章

　さらに、2023年度税制改正により、一定の要件を満たす特定株式を取得した場合、20億円までの譲渡益は非課税とする措置が設けられた。

実務上のポイント

- 青色申告者が、青色申告書を提出する年分に生じた純損失の金額を前年に繰り戻し、前年分の所得に対する所得税額の還付を受けるためには、その年の前年分の所得税について青色申告書を提出していることが要件となる。

〈特定居住用財産の譲渡損失の損益通算および繰越控除〉
- 特例の適用を受けるためには、譲渡した居住用財産の所有期間が譲渡した日の属する年の1月1日において5年を超えていなければならない。
- 特例の対象となる家屋は、現に居住の用に供している家屋、または居住の用に供されなくなった日から3年を経過する日の属する年の12月31日までに譲渡される家屋に限られる。
- 特例の対象となる譲渡損失の金額は、譲渡契約の前日における譲渡資産の住宅借入金等の金額から、譲渡資産の対価の額を控除した残額が限度となる。
- 合計所得金額が3,000万円を超える年分は、繰越控除の適用を受けることはできない。

第 **4** 章

所得控除

第**1**節

所得控除の仕組み

　所得税は、算出された所得金額に直ちに税率を乗じて求めるわけではない。所得金額から所得控除額を差し引いて、課税所得金額を算出し、これに税率を乗じて税額を求める。

　所得控除は、税負担の調整という観点から設けられており、雑損控除、医療費控除、社会保険料控除、小規模企業共済等掛金控除、生命保険料控除、地震保険料控除、寄附金控除、障害者控除、寡婦控除、ひとり親控除、勤労学生控除、配偶者控除、配偶者特別控除、扶養控除、基礎控除がある〔図表4－1〕。

❶ 所得控除の順序

　各種所得控除は、まず雑損控除から行う。雑損控除は、原則として、①総所得金額、②土地等に係る事業所得等の金額（2026年3月31日までの間は適用なし）、③特別控除後の土地建物等の短期譲渡所得金額、④特別控除後の土地建物等の長期譲渡所得金額、⑤上場株式等に係る配当所得の金額、⑥株式等に係る譲渡所得等の金額、⑦先物取引に係る雑所

〔図表4－1〕所得控除の分類

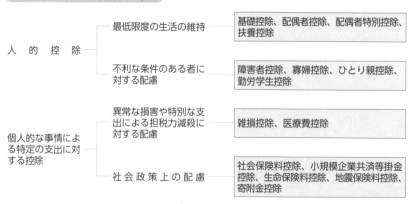

〔図表4－2〕所得控除の順序

（※）土地等の譲渡等に係る事業所得の金額・雑所得の金額に対する分離課税の特例は、2026年3月31日までの間、適用が停止されている。

得等の金額、⑧山林所得金額、⑨退職所得金額から、という順序で差し引いていく〔図表4－2〕。

雑損控除の金額が、上記所得の金額から控除しきれない場合は、その残額は翌年以降3年間にわたって繰越控除することができる。

雑損控除を控除した後に、なお所得の金額が残った場合には、その金額から雑損控除以外の所得控除を上記と同じ順序で差し引いていく。この場合、雑損控除以外の所得控除については控除の順序は定められていないが、控除しきれないときは切捨てとなる。

❷「総所得金額等の合計額」と「合計所得金額」

各種所得控除のうち、①雑損控除、医療費控除、寄附金控除（以上は、控除額の計算上、所得の金額が影響を及ぼすもの）、および②寡婦控除、ひとり親控除、勤労学生控除、配偶者控除、配偶者特別控除、扶養控除（以上は、所得の金額により控除の適用の有無が分かれるもの）には所得要件がある。

この場合の「所得」には2つの概念がある。雑損控除、医療費控除、寄附金控除の各控除額の計算上は、**総所得金額等の合計額**という概念が用いられる。一方、所得の金額により適用の有無が分かれる各種所得控除では、**合計所得金額**という概念が用いられている。

〔図表 4 - 3〕「総所得金額等の合計額」と「合計所得金額」

総所得金額等の合計額	合計所得金額
・純損失、居住用財産の買換え等の場合の譲渡損失、特定居住用財産の譲渡損失または雑損失の繰越控除後の総所得金額 ・申告分離課税の上場株式等に係る配当所得等の金額 ・土地等に係る事業所得等の金額 ^(※) ・分離短期譲渡所得の金額（特別控除前） ・分離長期譲渡所得の金額（特別控除前） ・株式等に係る譲渡所得等の金額（上場株式等に係る譲渡損失の繰越控除および特定株式に係る譲渡損失の繰越控除の特例の適用後の金額） ・退職所得金額（2分の1後） ・先物取引に係る雑所得等の金額（先物取引の差金等決済に係る損失の繰越控除の適用がある場合には適用後の金額） ・山林所得金額（特別控除後）	・純損失、居住用財産の買換え等の場合の譲渡損失、特定居住用財産の譲渡損失または雑損失の繰越控除をしないで計算した総所得金額 ・申告分離課税の上場株式等に係る配当所得等の金額 ・土地等に係る事業所得等の金額 ^(※) ・分離短期譲渡所得の金額（特別控除前） ・分離長期譲渡所得の金額（特別控除前） ・株式等に係る譲渡所得等の金額（上場株式等に係る譲渡損失の繰越控除および特定株式に係る譲渡損失の繰越控除の特例の適用前の金額） ・退職所得金額（2分の1後） ・先物取引に係る雑所得等の金額（先物取引の差金等決済に係る損失の繰越控除の適用がある場合には適用前の金額） ・山林所得金額（特別控除後）

（※）1998年1月1日から2026年3月31日までの間については適用なし。

　総所得金額等の合計額、合計所得金額はそれぞれ〔図表 4 - 3〕に示した所得の合計額であり、両者には、繰越控除の適用前であるか適用後であるかの点で違いがある。つまり、繰越控除がない場合は、どちらも同額となる。なお、両者とも、土地建物等の分離譲渡所得の金額については、特別控除前の金額となっているので注意が必要である。

第2節 各種所得控除

① 雑損控除

（1）雑損控除の対象

　雑損控除は、**災害・盗難**または**横領（詐欺、恐喝は含まない）**により、住宅・家財など
の資産に損害を受けた場合や、災害等に関連してやむを得ない支出をした場合に認められ
る控除である。対象となる損失の発生原因としての災害には、**震災・風水害**等の自然現象
の異変によるもの、**火災・火薬類の爆発**など人為によるもの、**害虫**など生物によるものが
含まれる。
　雑損控除の対象となる資産は、納税者や納税者と生計を一にする配偶者その他の親族
（総所得金額等の合計額が**48万円以下**の者に限る）の有する生活に通常必要な資産とされ
ている〔図表4−4〕。
　雑損控除を受けるには、確定申告の際に損害を受けた資産の損害額の明細書や災害関連
支出の領収書の添付（または提示、以下同じ）が必要である。給与所得者の場合でも、年
末調整では控除を受けることができない。ただし、所得税の確定申告を電子申告により行
う場合は、証明書の添付等を省略することができる。

〔図表4−4〕雑損控除の対象

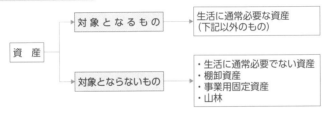

(2) 控除額

雑損控除として控除される金額は、次の①と②のいずれか多いほうの金額である。

雑損控除

① 損失額−総所得金額等の合計額×10%
② 損失額のうち災害関連支出の金額− 5 万円

（※ 1 ） 損失額＝損害額[※2]＋ 災害等に関連してやむを得 − 保険金などで
ない支出をした金額 補てんされる金額
（※ 2 ） 損害を受けたときの時価、または資産の取得価額−減価償却費累計額相当額で
計算

雑損控除額がその年分の総所得金額等から控除しきれない場合には、確定申告を要件に
その控除不足額を翌年以降 **3 年間**繰り越して、翌年以降の総所得金額等から控除すること
ができる。これを雑損失の繰越控除という。

② 医療費控除

医療費控除は、医療費を支払った場合に認められる控除である。

医療費控除を受けるには、医療費の領収書等に基づいた「医療費控除の明細書」を作成
し、確定申告書に添付する必要がある。給与所得者の場合でも、年末調整では控除を受け
ることができない。

なお、「医療費控除の明細書」には、医療費通知（「医療費のお知らせ」など）を添付す
ると、明細の記入を簡略化することができる。

また、税務署長は、申告期限から 5 年間、医療費控除の内容を確認するために、医療費
の領収書等の提示または提出を求めることができるとされている。

(1) 医療費の範囲

医療費控除の対象となる医療費は、納税者や納税者と生計を一にする配偶者その他の親
族（**所得制限等はない**）のために、その年中に実際に支払った次に掲げる医療費である。

① 医師、歯科医師に支払った**診療費**、**治療費**
② 治療、療養のための医薬品の購入費（医師の処方や指示がなくても対象となる）
③ 病院、診療所、助産所へ支払った**入院費**、入所費

④　あん摩マッサージ指圧師、はり師、きゅう師、柔道整復師に支払った施術費

⑤　保健師や看護師、准看護師または特に依頼した人による療養上の世話を受けた費用

⑥　助産師による分娩の介助を受けた費用

⑦　介護保険制度のもとで提供された一定の施設・居宅サービスの自己負担額

⑧　次のような費用で、医師等による診療や治療等を受けるために直接必要なもの

　　a．通院費用（電車代、バス代、緊急のタクシー代など）、入院中の部屋代や食事代の費用、医療用器具の購入代や賃借料（なお、自家用車で通院した場合のガソリン代や駐車場代は、控除の対象にはならない）

　　b．義手、義足、松葉づえ、補聴器等の購入費用

　　c．身体障害者福祉法、知的障害者福祉法などの規定により、都道府県や市町村に納付する費用のうち、医師の診療などの費用またはa.b. の費用に当たるもの

　　d．傷病によりおおむね6カ月以上寝たきりであり、医師による治療を継続して行う必要があり、おむつの使用が必要と認められる人のおむつ代（医師がおむつ使用証明書または主治医意見書を発行した場合）

⑨　高齢者の医療の確保に関する法律に規定する特定保健指導のうち、一定の基準に該当する場合の指導料の自己負担分

⑩　骨髄移植推進財団に支払う骨髄移植のあっせんに係る患者負担金

⑪　日本臓器移植ネットワークに支払う臓器移植のあっせんに係る患者負担金

　なお、**未払**のものは、現実に支払がなされるまで**控除の対象とならない**。また、**美容整形の費用**、健康増進や疾病予防などのための医薬品購入費、**健康診断・人間ドック（異状が発見されない場合）**の費用や医師等に対する謝礼金などは、**医療費に含まれない**。

　医療費控除の対象となる医療費を支払っていた個人が死亡した場合、死亡した個人の準確定申告において控除の対象となるのは、**死亡の日までに支払われた医療費**である。相続開始時に未払であった被相続人の医療費を、相続人が相続開始後に支払った場合でも、被相続人の準確定申告において医療費控除の対象とすることはできない。

（2）控除額

以下の算式で計算した金額が医療費控除（限度200万円）として控除される。

医療費控除

$$\left(\text{その年中に支払った医療費} - \begin{array}{c}\text{保険金等で}\\\text{補てんされる金額}\end{array}\right) - \left(\begin{array}{cc}① & \text{総所得金額等の合計額}\times 5\%\\② & 10万円\end{array}\right)$$

①、②のいずれか低いほうの金額

なお、保険金等で補てんされる金額に該当するのは、次のようなものである。

① 健康保険法の規定により支給を受ける療養費、移送費、出産育児一時金、家族療養費、家族移送費、家族出産育児一時金、または高額療養費のように、医療費の支出の事由を給付原因として支給を受けるもの

② 損害保険契約または生命保険契約に基づいて、医療費の補てんを目的として支払を受ける傷害費用保険金、医療保険金または入院給付金等

③ 医療費の補てんを目的として支払を受ける損害賠償金

④ 任意の互助組織から医療費の補てんを目的として支払を受ける給付金

保険金等で補てんされる金額は、その給付の目的となった医療費の金額を限度として差し引かれるため、**引ききれない金額が生じた場合であってもほかの医療費から差し引く必要はない。**

(3) セルフメディケーション税制

セルフメディケーション税制は、医療費控除の特例である。

特定健康診査・定期健康診断・がん検診・予防接種など、健康の保持増進および疾病の予防のための一定の取組みを行っている納税者が、2026年12月31日までの間に自己または自己と生計を一にする配偶者その他親族に係る特定一般用医薬品（いわゆるスイッチOTC医薬品）等購入費を支払った場合、その年中に支払った特定一般用医薬品等購入費の金額（保険金、損害賠償金等により補てんされる金額を除く）が1万2,000円を超えるときは、その超える部分の金額（最高**8万8,000円**）を所得金額から控除できる制度である。

なお、**通常の医療費控除とは選択適用**となる。

セルフメディケーション税制に係る医療費控除額

$$\left(\begin{array}{l}\text{その年中に支払った} \\ \text{特定一般用医薬品等購入費}\end{array} - \begin{array}{l}\text{保険金等で} \\ \text{補てんされる金額}\end{array}\right) - 12{,}000\text{円}$$

Q: 例 題

足を骨折して1カ月間入院した。入院費用等として負担した額が次のとおりである場合、医療費控除の額はいくらになるか。

① 通院のタクシー代：1万円
② 病院の治療費　　：27万円
③ 松葉づえの代金　：2万円
なお、総所得金額等の合計額は300万円である。

　医療費控除の対象となる通院費は、医師等による診療等を受けるために直接必要なもので、かつ、通常必要なものであり、人的役務の提供の対価のうち、病状に応じて一般的に支出される水準を著しく超えない部分の金額であるものとされている。また、タクシー代については、病状からみて急を要する場合や、電車、バス等の利用ができない場合には、その全額が医療費控除の対象となる。そのため、医療費控除の額は、①～③の合計金額の30万円から総所得金額等の合計額の5％か10万円のどちらか低いほうの金額を差し引いた額となる。
　したがって、医療費控除の額は、次のようになる。
（1万円＋27万円＋2万円）－10万円[※]＝20万円
（※）　300万円×5％＝15万円＞10万円　∴10万円

第4章

❸ 社会保険料控除

　社会保険料控除とは、社会保険料を支払った場合に認められる控除である。社会保険料控除の対象となる社会保険料は、納税者や納税者と生計を一にする配偶者その他の親族（**所得制限等はない**）が負担することになっている健康保険料、**国民健康保険料**、介護保険料、雇用保険料、厚生年金保険料、国民年金保険料、国民年金基金の掛金等のうち、その年中に**実際に支払った**社会保険料である（社会保険料を前納した場合、原則として納付期日が到来した分がその年の社会保険料控除の対象となる）。したがって、妻の年金から天引きされた介護保険料を夫が控除することはできない。なお、国民年金保険料については、確定申告の際に、支払金額を証明する書類の添付が必要となる。ただし、所得税の確定申告を電子申告により行う場合は、証明書の添付等を省略することができる。
　社会保険料控除として控除される金額は、その年中に支払った金額（給与や年金から控除された金額を含む）の全額である。

社会保険料控除額

支払った（給与や年金から控除された）社会保険料の全額

❹ 小規模企業共済等掛金控除

小規模企業共済等掛金控除とは、**納税者本人**の分の**小規模企業共済、確定拠出年金**（注）等の掛金を支払った場合に認められる控除である（生計を一にする配偶者その他親族の分の掛金は対象にはならない）。

注 2017年1月から個人型確定拠出年金（iDeCo）の加入対象者が公務員や主婦などにも拡大されたが、その掛金の全額が控除の対象となる。

小規模企業共済等掛金控除を受けるためには、確定申告の際に、支払掛金の金額などを証明する書類の添付が必要となる。ただし、所得税の確定申告を電子申告により行う場合は、証明書の添付等を省略することができる。

小規模企業共済等掛金控除として控除される金額は、その年中に支払った掛金の全額である。

小規模企業共済等掛金控除額

支払った小規模企業共済等掛金の**全額**

❺ 生命保険料控除

生命保険料控除とは、一般の生命保険や個人年金保険、介護医療保険の保険料を支払った場合に認められる控除である。

生命保険料控除の適用を受けることができるのは、実際に保険料を負担した者であり、生命保険契約の契約者の名義は問われない。また、適用を受けるためには、その支払保険料の証明書を確定申告書に添付または提示しなければならない。ただし、2011年12月31日以前に締結した生命保険契約で、1契約につき支払保険料が9,000円以下の一般の生命保険料に係るもの、年末調整の際に給与所得から控除を受けたものは、添付または提示の必要はない。なお、所得税の確定申告を電子申告により行う場合は、証明書の添付等を省略

することができる。

(1) 一般の生命保険料

　控除の対象となる一般の生命保険料は、生命保険契約等の保険料や掛金（（2）の個人年金保険料を除く）である。この場合の生命保険契約等とは、生命保険契約（保険期間 5 年未満で特定のものを除く）、旧簡易生命保険契約および一定の生命共済契約で、保険金等の受取人を納税者本人やその配偶者その他の親族とするものに限られる。

(2) 個人年金保険料

　控除の対象となる個人年金保険料は、個人年金保険契約等の保険料や掛金（疾病特約などの特約部分の金額を除く）である。この場合の個人年金保険契約等とは、生命保険契約（保険期間 5 年未満で特定のものを除く）、旧簡易生命保険契約、一定の生命共済契約のうち、年金の**受取人が保険料等の支払者**またはその**配偶者**で**被保険者と同一人**であること、保険料・掛金の**払込期間**が**10年以上**で定期的に支払われること、**年金の支払**が受取人の年齢**60歳以後**の契約で定めた日から**10年以上**の期間または**生涯期間**にわたって定期的に支払われるものであることなど、一定の要件に該当するものに限られる。

(3) 介護医療保険料

　控除の対象となる介護医療保険料は、保険金などの受取人のすべてを契約者またはその配偶者、その他の親族とする介護医療保険契約等の保険料等である。この場合の介護医療保険契約は、2012年 1 月 1 日以後に生命保険会社等または損害保険会社等と締結した新契約（ほかの保険契約に附帯して締結した契約を含む）のうち、医療費等支払事由に基因して保険金等が支払われる一定のものをいう。

(4) 控除額

　2012年 1 月 1 日以後に締結した保険契約に適用される生命保険料控除として控除される金額は、その年中に支払った一般の生命保険料と個人年金保険料、介護医療保険料のそれぞれについて、〔図表 4 − 5 〕によって計算した金額である。

　また、2011年12月31日以前に締結した保険契約に適用される控除額は〔図表 4 − 6 〕のとおりとなる。なお、新契約と旧契約の双方の控除の適用があるときにおける控除限度額は12万円となる。

〔図表4-5〕2012年1月1日以後に締結した保険契約（新契約）

支払保険料等の区分	支払保険料等の金額		控除額
① 一般の生命保険料だけの場合 あるいは ② 個人年金保険料だけの場合 または ③ 介護医療保険料だけの場合		2万円以下	支払った保険料等の全額
	2万円超	4万円以下	支払保険料等×$\frac{1}{2}$＋1万円
	4万円超	8万円以下	支払保険料等×$\frac{1}{4}$＋2万円
	8万円超		一律4万円
④ 上記①～③がある場合	上記①～③の合計額（上限12万円）		

〔図表4-6〕2011年12月31日以前に締結した保険契約（旧契約）

支払保険料等の区分	支払保険料等の金額		控除額
① 一般の生命保険料だけの場合 あるいは ② 個人年金保険料だけの場合		2万5,000円以下	支払った保険料等の全額
	2万5,000円超	5万円以下	支払保険料等×$\frac{1}{2}$＋1万2,500円
	5万円超	10万円以下	支払保険料等×$\frac{1}{4}$＋2万5,000円
	10万円超		一律5万円
③ 上記①と②の両方がある場合	上記①と②の合計額（上限10万円）		

（※）上記の支払った保険料の金額は、剰余金（いわゆる契約者配当金）の分配や割戻金の割戻しを受け、またはこれらの剰余金もしくは割戻金を保険料の払込みに充てた場合には、一般の生命保険料または個人年金保険料の額から、それぞれの契約保険料に係る剰余金や割戻金の額を差し引いた金額による。

❻ 地震保険料控除

　地震保険料控除とは、地震保険料を支払った場合に認められる控除である。地震保険料控除の対象となる地震保険料は、納税者や納税者と生計を一にする配偶者その他の親族の所有する居住用家屋または生活用動産を保険目的とする地震保険契約の保険料等である。

　地震保険料控除を受けるには、確定申告の際にその支払保険料の証明書の添付または提示が必要である。ただし、年末調整の際に給与所得者から控除を受けたものは、添付または提示の必要はない。なお、所得税の確定申告を電子申告により行う場合は、証明書の添付等を省略することができる。

　また、地震保険料控除として控除される金額は、その年中に支払った保険料の全額（最高5万円）である〔図表4-7〕。

〔図表4-7〕地震保険料控除の控除額

支払保険料等の区分	支払保険料等の金額		控除額
①地震損害保険契約[(※1)]の保険料等だけの場合	5万円以下[(※2)]		支払保険料等の全額[(※2)]
	5万円超[(※2)]		一律5万円
②長期損害保険契約[(※3)]の保険料等だけの場合		1万円以下	支払保険料等の全額
	1万円超	2万円以下	支払保険料等×$\frac{1}{2}$＋5,000円
	2万円超		一律1万5,000円
③上記①と②の両方がある場合	上記①と②の合計額（上限5万円）		

(※1) 地震損害保険契約とは、損害保険契約等のうち地震等により資産に生じた損失の額を補てんする保険金等が支払われる損害保険契約をいう。

(※2) 次の①から②を差し引いた後の金額をいう。
　①地震等による損害部分に対する保険料または掛金
　②地震等による損害部分に対する保険料または掛金の払込みに充てられた剰余金または割戻金の額

(※3) 長期損害保険契約とは、2006年12月31日までに締結した損害保険契約等（保険期間または共済期間の始期（効力が生ずる日）が2007年1月1日以後のものは除く）のうち、満期返戻金等のあるもので保険期間または共済期間が10年以上あり、2007年1月1日以後にその損害保険契約等の内容を変更していないものをいう。

地震保険料控除額

支払った地震保険契約の保険料等の全額（最高5万円）

　なお、地震保険料控除の創設に伴い、従来の損害保険料控除は2006年分をもって適用できなくなったが、経過措置として2006年12月31日までに締結した一定の長期損害保険契約等に係る保険料等については地震保険料控除の対象となり、2007年分以後も、従前の損害保険料控除額と同じ（最高1万5,000円）控除額の適用が受けられる。

　ただし、長期損害保険契約等に係る控除が受けられる場合でも、地震保険料控除額は5万円が限度となる。また、1つの長期損害保険契約等が地震保険料控除の対象となる損害保険契約等にも該当する場合は、重複適用はできず、いずれかの控除を選択する。

❼ 配偶者控除

　配偶者控除とは、合計所得金額が**1,000万円以下**の納税者に、その年の12月31日現在（配偶者がその年の中途で死亡した場合は、死亡日時点）で控除対象配偶者がいる場合に認められる控除である。

　控除対象配偶者とは、納税者の配偶者で、その納税者と生計を一にする者（青色事業専

〔図表 4 - 8〕配偶者控除の控除額

納税者の合計所得金額		控除額	
		控除対象配偶者	老人控除対象配偶者 (※)
900万円以下		38万円	48万円
900万円超	950万円以下	26万円	32万円
950万円超	1,000万円以下	13万円	16万円

(※) 老人控除対象配偶者とは、控除対象配偶者のうち、年齢70歳以上の者をいう（年齢は、原則としてその年の12月31日で判定する）。

従者として給与の支払を受ける者および白色事業専従者に該当する者を除く）のうち、合計所得金額が48万円以下（給与収入のみの場合は年収103万円以下）の者をいう。

この場合の配偶者とは、民法の規定による配偶者をいい、いわゆる内縁関係にある者は含まれない。また、「生計を一にする」とは、日常生活の資をともにすることをいう。したがって、勤務や就学、療養などのために起居をともにしていない場合でも、常に生活費、学資金または療養費などを送金して扶養している場合は生計を一にするものとされる。

控除額は、納税者本人の合計所得金額に応じて〔図表 4 - 8〕のとおりとなる。

❽ 配偶者特別控除

配偶者特別控除とは、合計所得金額が1,000万円以下の納税者が、生計を一にする控除対象配偶者以外の配偶者（ほかの納税者の扶養親族とされる者、青色事業専従者として給与の支払を受ける者および白色事業専従者を除く）を有する場合に、その配偶者の所得金額に応じて認められる控除である。

適用対象となる配偶者の合計所得金額は、48万円超133万円以下（給与収入のみの場合は年収103万円超201.6万円未満）とされている。控除額は、納税者および配偶者の合計所得金額に応じて〔図表 4 - 9〕のとおりとなる。

❾ 寄附金控除

寄附金控除（注）の対象となる特定寄附金は次に掲げるものである。

① 国や地方公共団体に対する寄附金

〔図表4－9〕配偶者特別控除の控除額

配偶者の合計所得金額	控除額		
	納税者の合計所得金額		
	900万円以下	900万円超 950万円以下	950万円超 1,000万円以下
48万円超95万円以下	38万円	26万円	13万円
95万円超100万円以下	36万円	24万円	12万円
100万円超105万円以下	31万円	21万円	11万円
105万円超110万円以下	26万円	18万円	9万円
110万円超115万円以下	21万円	14万円	7万円
115万円超120万円以下	16万円	11万円	6万円
120万円超125万円以下	11万円	8万円	4万円
125万円超130万円以下	6万円	4万円	2万円
130万円超133万円以下	3万円	2万円	1万円

② 指定寄附金（公益法人等に対する寄附金で財務大臣が指定したもの）

③ 特定公益増進法人に対する寄附金

④ 政党などへの寄附金のうち政治資金規正法等の規定に該当するもの

⑤ 一定の特定公益信託の信託財産とするための金銭の支出

⑥ 一定の認定特定非営利活動法人（**認定NPO法人**）に対する寄附金

⑦ 一定の要件を満たす**特定新規中小会社**（株式会社）により発行された**株式を払込みに**より取得した場合の株式の取得に要した金額（**800万円を限度とする**）

注 学校の入学に関してする寄附金は控除の対象とはならない。また、政党等への寄附金には、税額控除の対象となるものがあり、税額控除を選択した場合には、対象となるものはすべて税額控除の適用を受けなければならない。

　寄附金控除を受けるには、特定寄附金を受領した者の領収書等、所定の書類を確定申告書に添付または提示する必要がある。給与所得者の場合、年末調整では控除を受けられないが、確定申告を行わずにふるさと納税の寄附金控除を受けられる仕組みはある。

　以下の算式で計算した金額が寄附金控除として控除される。

第4章

寄附金控除額（所得控除額）

$$\left.\begin{array}{l} \text{①その年中に支出した特定寄附金の額の合計額} \\ \text{②総所得金額等の合計額×40％} \end{array}\right\} -2,000円$$

①、②いずれか低いほうの金額

例 題

Q:

　次のような内容の寄附をした場合、所得控除として寄附金控除の額はいくらになるか。

　なお、総所得金額等の合計額は1,200万円とする。また、①は指定寄附金には該当せず、③、⑤は主たる目的である業務に関連する寄附金である。

① 宗教法人 　　　　　　　　　　　　　：100万円
② 私立大学（入学に関してする寄附）　：100万円
③ 日本赤十字社 　　　　　　　　　　　：50万円
④ 国に対する寄附 　　　　　　　　　　：50万円
⑤ 社会福祉法人 　　　　　　　　　　　：100万円

A:

　①〜⑤のうち、①と②は寄附金控除の対象とならない（宗教法人は特定公益増進法人に含まれていない）。
ａ．特定寄附金の額：③＋④＋⑤＝200万円
ｂ．総所得金額等の合計額の40％：1,200万円×40％＝480万円
　寄附金控除の対象は、a.b. のいずれか低いほうの金額であるから、200万円となる。
　したがって、寄附金控除の額は、200万円－2,000円＝199万8,000円となる。

---

❿ 障害者控除

　障害者控除とは、納税者本人やその**同一生計配偶者**および**扶養親族**のうちに障害者がいる場合に認められる控除である。

〔図表4−10〕障害者控除の控除額

区分	控除額
障害者	27万円
特別障害者	40万円
同居特別障害者	75万円

　障害者とは、精神または身体に障害がある者で、次の者などをいう。そのうち精神または身体に重度の障害がある者を特別障害者という。

① 　常に精神上の障害により事理を弁識する能力を欠く状態にある者（すべて特別障害者に該当する）

② 　知的障害者（うち、重度の場合は特別障害者。所定機関による判定を要する）

③ 　精神障害者保健福祉手帳の交付を受けている者（うち、障害等級が1級の場合は特別障害者）

④ 　身体障害者手帳の交付を受けている者（うち、障害の程度が1級または2級の場合は特別障害者）

⑤ 　その年の12月31日現在で引き続き6カ月以上にわたって身体の障害により寝たきりの状態で、複雑な介護を要する者（すべて特別障害者に該当する）

　障害者控除として控除される金額は、〔図表4−10〕のとおりである。なお、同居特別障害者とは、特別障害者である同一生計配偶者または扶養親族で、納税者自身、配偶者、生計を一にする親族のいずれかとの同居を常況としている者をいう。

⑪ 寡婦控除・ひとり親控除

　寡婦控除・ひとり親控除とは、納税者本人がその年の12月31日時点において寡婦またはひとり親である場合に認められる控除である。控除額は、寡婦の場合**27万円**、ひとり親の場合**35万円**とされている〔図表4−11〕。

　ここでいう「寡婦」は、「夫と離婚した後婚姻をしていない者のうち、子以外の扶養親族を有する者」、または「夫と死別（生死が明らかでない場合を含む）した後婚姻をしていない者」で、「ひとり親」に該当しない者を指す。「ひとり親」は、現に婚姻をしていない者または配偶者の生死が明らかでない者のうち、生計を一にする子を有する者を指す。この場合の「子」とは、総所得金額等の合計額が**48万円以下**で、ほかの者の同一生計配偶

〔図表4-11〕寡婦控除・ひとり親控除の控除額

区分	要件			控除額
	所得制限	離婚・死別	扶養親族	
寡婦控除	合計所得金額 500万円以下	離婚	子以外	27万円
		死別（生死不明含む）	要件なし	27万円
ひとり親控除		要件なし （未婚・離婚・死別）	子	35万円

者や扶養親族になっていない者に限られる。

　加えて、控除の適用にあたっては、寡婦とひとり親のいずれにおいても、「合計所得金額が**500万円以下**」であることが要件とされている。なお、寡婦とひとり親のいずれにおいても、事実婚の者は控除の対象にならない。

　ひとり親控除は、2020年度税制改正によって創設された制度で、これにより、婚姻歴や性別にかかわらず、すべてのひとり親が所得控除の対象となった。また、寡婦控除の所得要件は、同じく2020年度税制改正によって加えられた制限で、従前の本制度における寡婦・寡夫間の要件の差をなくす目的で設けられた。

⓬ 勤労学生控除

　勤労学生控除とは、納税者**本人**が勤労学生である場合に認められる控除である。

　勤労学生とは、大学・高等専門学校・高等学校などの学生・生徒・児童や、専修学校・各種学校の生徒（一定の証明書の添付を要する）などで、かつ、その年の12月31日現在に

〔図表4-12〕扶養控除の区分と控除額

扶養親族の区分			1人当たりの控除額
一般の控除対象扶養親族	16歳以上19歳未満		38万円
特定扶養親族	19歳以上23歳未満		63万円
一般の控除対象扶養親族	23歳以上70歳未満		38万円
老人扶養親族	70歳以上	同居老親等以外	48万円
		同居老親等	58万円

（※1）同居老親等とは、老人扶養親族のうち、納税者やその配偶者の直系尊属で常に同居している者をいう。
（※2）年齢は、原則としてその年の12月31日現在で判定する。

おいて次のいずれの要件も満たす者をいう。

① 給与所得などの勤労による所得があり、かつ、自己の勤労によらない所得（利子所得、配当所得、不動産所得、譲渡所得、一時所得など）が10万円以下であること

② 合計所得金額が**75万円以下**であること

勤労学生控除として控除される金額は、27万円である。

⓭ 扶養控除

扶養控除とは、納税者にその年の12月31日現在（扶養親族がその年の中途で**死亡**した場合は、**死亡**日時点）で控除対象扶養親族がいる場合に認められる控除である。扶養控除として控除される金額は、〔図表4−12〕の金額である。

扶養親族とは、納税者の親族（配偶者を除く）や里親に委託された児童、養護受託者に委託された老人で、その納税者と生計を一にする者（青色事業専従者として給与の支払を受ける者および白色事業専従者に該当する者を除く）のうち、合計所得金額が**48万円以下**の者をいう。そのうち、控除対象扶養親族とは16歳以上の者をいう。

納税者の控除対象扶養親族が一定の障害者に該当する場合、納税者は、扶養控除と障害者控除を併用することができる。

また、非居住者の親族に係る扶養控除等の適用を受けるには、原則として、親族関係書類および送金関係書類を確定申告書に添付または提示しなければならない。

なお、2020年度税制改正により、2023年分以後の所得税から、非居住者である親族のうち、年齢30歳以上70歳未満の者で、次のいずれにも該当しない者は、扶養控除の対象から除外することとされている。

① 留学により非居住者となった者

② 障害者

③ 生活費または教育費の支払を38万円以上受けている者

⓮ 基礎控除

基礎控除は、かつては所得金額にかかわらず、所得税の納税者すべてに対して一律38万円の控除が認められていたが、2020年分の所得税から〔図表4−13〕のように見直されて

〔図表4−13〕基礎控除の控除額

合計所得金額		控除額
	2,400万円以下	48万円
2,400万円超	2,450万円以下	32万円
2,450万円超	2,500万円以下	16万円

いる。

　控除額は、合計所得金額が2,400万円以下の場合は一律48万円であるが、2,400万円を超える場合はその合計所得金額に応じて控除額が逓減し、2,500万円を超える場合は基礎控除の適用ができない。

例　題

Q:

　卸売業を営むX社（非上場会社）の社長であるAさんの2024年の収入等は次のとおりになると予想されている。

〈Aさんの収入等の概要〉
①給与所得
　X社からの給与収入：2,390万円
②配当所得
　X社からの配当：600万円（年2回、半期ごとに300万円ずつ受け取っている）
　Y社からの配当：200万円（Y社は上場会社であり、AさんのY社株式の持株
　　　　　　　　　　　　　割合は3％未満であり大口株主等ではない）
③不動産所得（不動産賃貸収入等）
　賃貸収入：500万円
　必要経費：540万円
　必要経費のなかに賃貸用不動産取得のための借入金の利子50万円があり、この内訳は土地等取得に係るものが30万円、建物等取得に係るものが20万円である。

　上記をふまえ、Aさんの2024年分の所得税の計算における課税総所得金額を求めなさい。計算にあたっては、所得控除の合計額を315万円とし、2つ以上の選択可能な課税方法がある場合は、所得税額が最も少なくなる課税方法によること。なお、Aさんは特別障害者に該当せず、年齢23歳未満の扶養親族および特別障害者である同一生計配偶者や扶養親族を有していないものとする。

①給与所得

2,390万円−195万円^{給与所得控除額}=2,195万円

②配当所得

　X社からの配当は、1回の配当金の額が300万円であり、10万円を超えていることから申告不要制度の適用はなく、また非上場株式であるので申告分離課税を選択することもできず、総合課税の対象になる。

　Y社からの配当は、申告不要とするか（その場合、所得税15.315％が源泉徴収されたままとなる）、総合課税により申告して配当課税の適用を受けるかの選択となる。Aさんの課税総所得金額は、所得税の税率40％が適用される「1,800万円超4,000万円以下」となり、配当控除を考慮しても、15.315％の源泉徴収税率によるほうが明らかに有利であるので、申告不要を選択する。

　したがって、配当所得の金額はX社からの配当600万円である。

　なお、仮にAさんに上場株式等の売却による譲渡損や譲渡損失の繰越控除があれば、Y社株の配当について申告分離課税を選択して損益通算することも選択肢となる。

③不動産所得（不動産賃貸収入等）

　500万円−540万円=▲40万円

　このうち、土地等取得に係る借入金の利子30万円は損益通算の対象とならないので、▲10万円（=▲40万円＋30万円）をほかの所得と損益通算する。

　したがって、総所得金額は以下のとおりとなる。

　2,195万円＋600万円−10万円=2,785万円

　この金額から所得控除の合計額を引いて、以下のとおり課税総所得金額が求められる。

　2,785万円−315万円=2,470万円

<u>正解　2,470万円</u>

第4章

実務上のポイント

- 雑損控除の控除額は、災害関連支出がない場合、損失額からその年分の総所得金額等の合計額の10%相当額を控除して計算される。

- 雑損控除としてその年分の総所得金額等から控除しきれなかった金額は、翌年以降最長で3年間繰り越して、翌年以降の総所得金額等から控除することができる。

- 雑損控除の対象となる損失の発生原因には、詐欺、恐喝は含まれない。

- 納税者と生計を一にする配偶者その他の親族のために支払った医療費は、医療費控除の対象となる（配偶者その他の親族の所得制限等はない）。

- 被相続人に係る医療費で、相続開始時に未払であったものは、相続開始後に相続人が支払った場合でも、被相続人の準確定申告において医療費控除の対象とすることはできない。

- セルフメディケーション税制による控除額は、その年中に支払った特定一般用医薬品等購入費（保険金等により補てんされる部分の金額を除く）のうち1万2,000円を超える部分であり、8万8,000円が上限となる。

- 納税者と生計を一にする配偶者その他の親族のために支払った社会保険料は、社会保険料控除の対象となる（配偶者その他親族の所得制限等はない）。

- 納税者の配偶者が受け取っている公的年金から特別徴収された介護保険料は、納税者と配偶者が生計を一にしている場合であっても、納税者の社会保険料控除の対象にはならない。

- 小規模企業共済等掛金控除は、納税者が支払った、納税者本人の分の小規模企業共済等の掛金のみが対象となる。

- 生命保険料控除は、保険契約の契約者の名義にかかわらず、実際に保険料を負担した者が適用を受けることができる。

- 配偶者控除は、納税者本人の合計所得金額が1,000万円以下であり、配偶者の合計所得金額が48万円以下である場合に認められる。

- 勤労学生控除は、納税者本人が勤労学生である場合に適用を受けることができる。

- 控除対象扶養親族が一定の要件を満たす場合、納税者は扶養控除と障害者控除を併用することができる。

第 5 章

税額控除

　課税総所得金額等に税率を乗じて求めた算出税額から、配当控除や住宅借入金等特別控除などの控除を、控除適用前の所得税額を限度に受けることができる。所得控除が所得金額から控除されるのに対して、これらの控除は税額から直接控除することから、税額控除と呼ばれる。本章では、所得税における主な税額控除について解説する。

配当控除

　内国法人から支払を受ける剰余金の配当、利益の配当、または剰余金の分配による配当所得があるときは、配当控除の適用を受けることができる。配当控除は日本国内での二重課税を解消するための制度である。配当金の原資は企業の利益で、配当前に既に法人税が課されている。さらに配当金の受取人には所得税が課税される。このように法人と個人で二重課税されているので、その調整の意味で配当控除をする。

　ただし、次のものについては配当控除の適用を受けることができない。

・**申告不要制度**、**申告分離課税制度**を選択した配当
・Ｊ－**REIT** の分配金
・**外国法人**から受ける配当等

　配当控除額は、課税総所得金額等の区分に応じて、次のように計算する。

配当控除額

① 課税総所得金額等が**1,000万円以下の場合**
　配当所得の金額×10%
② 課税総所得金額等が**1,000万円超の場合**
　（1,000万円超の部分の金額に含まれる配当所得の金額）×5％＋その他の配当所得×10%
（※1）　配当控除額を計算する際の配当所得の金額は、**他の所得と損益通算する前の金額**である。
（※2）　課税総所得金額等とは、課税山林所得金額、課税退職所得金額以外のすべての課税所得金額（源泉分離課税分を除く）の合計額をいう。
（※3）　特定証券投資信託の収益分配金に係る配当所得については、株式等の控除率の原則2分の1（つまり10%は5％、5％は2.5%）となる。

Q: ....

　Aさんの2024年の課税総所得金額が1,100万円、このなかに利益の配当が150万円（源泉徴収税額30万6,300円）含まれている場合、所得税の申告納税額はいくらか。

A: ....

(1) 所得税
　1,100万円×33％－153万6,000円＝209万4,000円
(2) 配当控除
　（1,100万円－1,000万円）×5％＋｛150万円－（1,100万円－1,000万円）｝×10％＝10万円
(3) 所得税額
　①209万4,000円－10万円＝199万4,000円
　②199万4,000円＋199万4,000円×2.1％＝203万5,874円
(4) 源泉徴収税額　30万6,300円
(5) 納税額
　(3)－(4)＝172万9,574円→172万9,500円（100円未満切捨て）

❷ 住宅借入金等特別控除

　住宅借入金等特別控除とは、住宅ローン等を使って自己の居住用住宅を新築、取得または増改築した場合に、その住宅ローン等の年末残高の一定割合相当額を、居住の用に供した年以後の一定期間にわたって所得税額から控除することができる税額控除である。

(1) 適用要件

　住宅借入金等特別控除の適用対象住宅の要件は〔図表5－1〕のとおりであり、その他の要件は次のとおりである。

① その他の適用要件

a. 控除対象となる住宅ローン等は償還期間または賦払期間が**10年以上**で、以下に挙げる

借入金や債務であること。

- ・民間ローン等……銀行、信用金庫、生命保険会社など金融機関からの借入金や債務
- ・公的ローン等……独立行政法人住宅金融支援機構、独立行政法人都市再生機構、地方住宅供給公社などからの借入金や債務など

注1 債務には、独立行政法人都市再生機構等の建築した分譲住宅が転売された場合に承継される賦払期間が10年以上のものも含む。

注2 これらの住宅ローン等であっても、勤務先から使用人である地位に基づいて借り入れ、利子補給を受けた結果、実質負担利率が基準金利（0.2%）未満のものや、社内融資で無利子または基準金利（0.2%）未満の利率のものなどは対象とならない。

注3 住宅の新築、取得とともに取得する土地等で、住宅の敷地の用に供されるものの取得に要する資金に充てるために、住宅の取得に係る借入金等と一体として借り入れた償還期間10年以上の借入金等も対象となる（ただし、住宅の取得等に要する資金に充てるための住宅借入金等を有している必要がある）。

b．控除を受ける年の合計所得金額が2,000万円以下（2023年12月31日までに建築確認を受けた新築もしくは建築後未使用の住宅の取得、または2024年1月1日から2024年12月31日までに建築確認を受けた認定住宅等^(※)の新築もしくは建築後未使用の認定住宅等の取得で、床面積が40㎡以上50㎡未満である場合には1,000万円以下）であること。

※認定住宅等とは、認定住宅、ZEH 水準省エネ住宅および省エネ基準適合住宅をいい、認定住宅とは認定長期優良住宅および認定低炭素住宅をいう。

c．控除の対象となる居住用住宅は、その新築の日または取得の日から**6 カ月以内に自己の居住の用に供し**、居住日以後その年の**12月31日まで引き続き居住の用に**供している新築住宅または既存住宅をいう。

d．控除の対象となる居住用住宅の増改築等は、現に居住の用に供している家屋に対する増改築等で、増改築等の日から 6 カ月以内にその増改築等をした部分を自己の居住の用に供した場合のその増改築等をいう。なお、所有している家屋について、居住の用に供する前に一定の増改築等を行い、その後 6 カ月以内に入居した場合も対象となる。

② 住宅借入金等特別控除を受けるにあたっての留意事項

a．控除される年数は、家屋を自己の居住の用に供した日または増改築等をした部分を自己の居住の用に供した日の属する年から**13年間**（一定の場合は10年間）の各年分である。

b．居住用住宅を自己の居住の用に供しなくなった年以後の各年分については、住宅借入金等特別控除の適用は受けられない（再適用を受ける年分を除く）。

c．**居住**の用に供した**年**、またはその**前年**もしくはその**前々年**に、次に掲げる課税の**特例**の適用を受ける場合や適用を受けた場合には、**住宅借入金等特別控除の適用は受けられない**。

〔図表 5 − 1〕住宅借入金等特別控除の適用対象住宅

新築住宅(※1)	自己が居住するための住宅で次の要件を満たすものであること a.床面積が50㎡以上であること(※2) b.床面積の2分の1以上がもっぱら自己の居住の用に供されるものであること c.2024年1月1日以後に建築確認を受ける住宅の用に供する家屋（登記簿上の建築日付が2024年6月30日以前のものを除く）または建築確認を受けない住宅の用に供する家屋で登記簿上の建築日付が2024年7月1日以降のものについては、一定の省エネ基準を満たすものであること
既 存 住 宅	① 自己が居住するための住宅で次の要件を満たすものであること a.床面積が50㎡以上であること b.床面積の2分の1以上がもっぱら自己の居住の用に供されるものであること ② 建築後使用されたことのある住宅であること ③ 次のいずれかに該当するものであること a.耐震基準に適合している住宅であること（登記簿上の建築日付が1982年1月1日以後の住宅については、耐震基準に適合している住宅とみなす） b.地震に対する一定の基準に適合するものであること（住宅の取得の日までに耐震改修を行うことにつき申請等をし、かつ、その者の居住の用に供する日（取得の日から6月以内の日に限る）までに耐震改修により要耐震改修住宅が耐震基準に適合することとなったことにつき証明がされたものが含まれる） c.既存住宅売買瑕疵保険に加入していること
増改築等した居住用住宅	① 自己が所有する居住用住宅の増改築等で次の要件を満たすものであること a.増改築等の工事費用の額が100万円を超えること b.増改築後の床面積が50㎡以上であること c.増改築後の床面積の2分の1以上がもっぱら自己の居住の用に供されるものであること d.自己の居住の用に供される部分の工事費用の額が、増改築等の工事費用の総額の2分の1以上であること ② 次のいずれかに該当する工事であること a.一定の増改築・大規模修繕の工事 b.一定の耐震改修工事 c.一定のバリアフリー改修工事 d.一定の省エネ改修工事

（※1）建築後未使用の住宅および宅地建物取引業者により一定の増改築等が行われた一定の住宅を含む
（※2）控除を受ける年の合計所得金額が1,000万円以下で、2023年12月31日までに建築確認を受けた新築もしくは建築後未使用の住宅の取得、または2024年1月1日から2024年12月31日までに建築確認を受けた認定住宅等の新築もしくは建築後未使用の認定住宅等の取得の場合、40㎡以上50㎡未満のものも対象

- 居住用財産を譲渡した場合の軽減税率の特例
- 居住用財産の譲渡所得の3,000万円の特別控除の特例
- 居住用財産の買換えおよび交換の特例
- 既成市街地等内にある土地等の中高層耐火建築物等の建設のための買換えおよび交換の場合の譲渡所得の課税の特例

  なお、住宅借入金等特別控除と居住用財産の買換え等の場合の譲渡損失の損益通算お

よび繰越控除との併用は可能である。

d．居住の用に供した年の翌年または翌々年、もしくは**3年目**に該当する年中にその家屋（その家屋の敷地を含む）以外の一定の資産（旧自宅）を譲渡した場合において、その譲渡についてc．に掲げるいずれかの特例の適用を受けるときは、その居住の用に供した年以後の各年分については、住宅借入金等特別控除の適用は受けられない（既に住宅借入金等特別控除の適用を受けていた場合は修正申告等をすることになる）。

注1 早期償還をして借入期間を変更した場合、当初の契約により定められていた最初の償還月から、その短くなった償還期間の最終の償還月までの期間が10年以上ないとその後の適用が受けられなくなる。

注2 床面積の判定は、登記上の面積による。

（2）控除額の計算

住宅借入金等特別控除として所得税額から控除される金額は、自己の居住の用に供した年から13年間（一定の場合は10年間）について以下のように計算した金額である（100円未満の端数切捨て）。

住宅借入金等特別控除額

住宅借入金等の年末残高×居住開始年に応じた控除率

控除額の計算においては次の点に注意する必要がある。

① 住宅借入金等の年末残高は、住宅の新築または取得ならびに増改築に係る借入金等の年末残高の合計額と住宅の新築または取得ならびに増改築等に要した費用の額のいずれか少ない金額とし、居住年と住宅に応じた借入限度額を超える場合には借入限度額を住宅借入金等の年末残高とし住宅借入金特別控除額を計算する。

② 店舗併用住宅など、新築または取得した住宅のうちに自己の居住の用以外の用に供する部分がある場合には、その住宅の新築または取得に係る借入金等の年末残高の合計額にその住宅の床面積に占める自己の居住の用に供する部分の床面積の割合を乗じて、自己の居住の用に供する部分に係る借入金等の金額の計算をする。

　また、増改築等をした住宅のその増改築等の部分のうちに自己の居住の用以外の用に供する部分がある場合には、その住宅の増改築等に係る借入金等の年末残高の合計額に、その増改築等に要した費用の総額に占める自己の居住の用に供する部分の増改築等に要した費用の額の割合を乗じて自己の居住の用に供する部分に係る借入金等の金額を計算する。

③　取得または増改築等に要した費用に関して補助金等の交付がある場合には、取得または増改築等に要した費用の額から補助金等の額を控除する。

(3) 借入限度額・控除率・控除期間（2022年1月1日以降の居住）

① 新築、建築後使用されたことのない居住用家屋の取得または買取再販住宅（※1）のうち②以外のもの

居住年	借入限度額	控除率	控除期間
2022年・2023年	3,000万円	0.7%	13年
2024年・2025年	2,000万円		10年

（※1）買取再販住宅とは、宅地建物取引業者が特定増改築等した既存住宅を、その宅地建物取引業者の取得の日から2年以内に取得した場合の既存住宅（その取得の時点において、その既存住宅が新築された日から起算して10年を経過したものに限ります）をいいます。

注 2024年1月1日以後に建築確認を受ける住宅の用に供する家屋（登記簿上の建築日付が2024年6月30日以前のものを除く）または建築確認を受けない住宅の用に供する家屋で登記簿上の建築日付が2024年7月1日以降のもののうち、一定の省エネ基準を満たさないものの新築または当該家屋で建築後使用されたことのないものの取得については、適用を受けられない。

② 新築、建築後使用されたことのない居住用家屋の取得または買取再販住宅（※1）のうち、認定住宅等（※2）の場合

	居住年	借入限度額	控除率	控除期間
認定住宅	2022年・2023年	5,000万円	0.7%	13年
	2024年・2025年	4,500万円		
ZEH水準省エネ住宅	2022年・2023年	4,500万円		
	2024年・2025年	3,500万円		
省エネ基準適合住宅	2022年・2023年	4,000万円		
	2024年・2025年	3,000万円		

（※2）認定住宅等とは、認定住宅、ZEH水準省エネ住宅および省エネ基準適合住宅をいい、認定住宅とは認定長期優良住宅および認定低炭素住宅をいう。

（※3）子育て特例対象個人が、2024年1月1日から同年12月31日までの間に居住の用に供した場合の借入限度額は、認定住宅は5000万円、ZEH水準省エネ住宅は4500万円、省エネ基準適合住宅は4000万円となる。

なお、子育て特例対象個人とは、以下のいずれかに該当する者をいう。
・年齢40歳未満であって配偶者を有する者
・年齢40歳以上であって、年齢40歳未満の配偶者を有する者
・年齢19歳未満の扶養親族を有する者

③ 中古住宅（既存住宅のうち買取再販住宅以外のもの）の取得の場合

	居住年	借入限度額	控除率	控除期間
認定住宅等	2022年～2025年	3,000万円	0.7%	10年
認定住宅等以外	2022年～2025年	2,000万円	0.7%	10年

④ 増改築等の場合

居住年	借入限度額	控除率	控除期間
2022年～2025年	2,000万円	0.7%	10年

（4）借入限度額・控除率・控除期間（原則2021年12月31日以前の居住）

① 通常の場合

	居住年	借入限度額	控除率	控除期間
認定住宅（※1）	2014年4月～2021年12月	5,000万円（※2）	1%	10年（※3）
認定住宅等以外・増改築	2014年4月～2021年12月	4,000万円（※4）	1%	10年（※3）

（※1）認定住宅とは、新築または建築後使用されたことのない認定長期優良住宅または認定低炭素住宅をいう。
（※2）消費税の税率が8％または10％である場合に適用し、それ以外の場合、控除額が3,000万円となる。
（※3）②の住宅借入金等特別控除の特例の適用を受ける場合には、控除期間が13年間となる。
（※4）消費税の税率が8％または10％である場合に適用し、それ以外の場合、控除額が2,000万円となる。

② 住宅借入金等特別控除の特例（特別特定取得）の場合

	居住年	借入限度額	控除期間	適用年・控除額
認定住宅	2019年10月～2022年12月	5,000万円	13年	・1年目から10年目まで 借入金等年末残高×1.0%
認定住宅等以外・増改築	2019年10月～2022年12月	4,000万円	13年	・11年目から13年目まで 次に掲げる金額のいずれか少ない金額 イ　借入金等年末残高×1.0% ロ　住宅取得等の対価または費用額（税抜）×2％÷3

消費税率の引き上げ等を踏まえ、2019年度税制改正において、住宅借入金等特別控除の特例が創設された。この特例は、住宅の取得の対価の額または費用の額の消費税等の税率が10%である場合に適用でき、適用を受けると控除期間が13年となる。

本特例は当初、2020年12月までに対象住宅に居住した者を対象としていたが、2021年度税制改正において適用期間が2年間延長され、2022年12月までに居住した者も対象となった。ただし、特例延長後の適用対象となるのは、住宅の取得形態に応じて、次に掲げる期間内に契約締結された住宅に限られる。

住宅の取得形態	契約締結時期
新築	2020年10月〜2021年9月
建築後使用されたことのない居住用家屋または既存住宅の取得・増改築	2020年12月〜2021年11月

また、延長された特例期間については、合計所得金額が1,000万円以下の年に限って床面積要件が緩和されており、40㎡以上50㎡未満の住宅も控除の対象となる。

(5) 住民税からの控除

住宅借入金等特別控除の適用がある者のうち、当該年分の住宅借入金等特別控除から当該年分の所得税額（住宅借入金等特別控除の適用がないものとした場合の所得税額とする）を控除した残額があるものについては、**翌年度分の個人住民税**において、当該残額に相当する額を、次の控除限度額の範囲内で減額する。

居住年	控除限度額
2014年4月〜2021年12月 （(4)②の場合は2022年12月）	所得税の課税総所得金額等×7％（最高13万6,500円）
2022年1月〜2025年12月	所得税の課税総所得金額等×5％（最高9万7,500円）

(6) 適用を受けるための手続

住宅借入金等特別控除の適用を受けるためには、**確定申告書**に住宅借入金等特別控除に関する記載をし、次の書類を**添付しなければならない**。なお、2023年1月1日以降に居住する場合の適用については、金融機関等に適用申請書を提出した場合、年末残高証明書および工事請負契約書等の添付が不要となっている。

① 住宅借入金等特別控除額の計算明細書
② 登記簿謄本、工事請負契約書、売買契約書（初年度のみ）
③ 金融機関等から交付を受けた「住宅取得資金に係る借入金の年末残高等証明書」
④ 家屋に係る長期優良住宅建築等計画または低炭素建築物新築等計画の認定通知書の写

し等（認定住宅のみ）

　ただし、所得税の確定申告を電子申告により行う場合は、「住宅取得資金に係る借入金の年末残高等証明書（適用2年目以降のもの）」の添付等を省略することができる。

　また、住宅借入金等特別控除の適用を受けた者が給与所得者であるときは、**2年目以降**は税務署長から「年末調整のための住宅借入金等特別控除の証明書」、金融機関等から「住宅取得資金に係る借入金の年末残高等証明書」の交付を受けて、**年末調整においてこの控除を受けることができる。**

(7) 住宅借入金等特別控除の再適用等

① 適用2年目以降に居住しなくなった場合

　住宅借入金等特別控除の適用を受けていた居住者が、転勤等やむを得ない事由により居住しなくなった後、その事由が解消して再入居（居住しなくなったその年中に再入居した場合を含む）した場合において、一定の要件を満たすときは、再入居した年以後の残存控除期間について再適用を受けることができる。ただし、再入居年にその住宅を賃貸していた場合は、再入居年の翌年以後からの再適用となる。

② 当初居住年の年末までに居住しなくなった場合

　住宅の取得等をして居住の用に供した年の12月31日までの間に転勤等やむを得ない事由により居住しなくなった後、その事由が解消して再入居した場合において、一定の要件を満たすときは、再入居した年以後の**残存控除期間**について再適用を受けることができる。

③ 当初居住年の年末までに居住しなくなり、その後その年の年末までに再入居した場合

　最初に居住の用に供した年に転勤等やむを得ない事由により転居し、最初に居住の用に供した年の12月31日までの間に再入居した場合も、住宅借入金等特別控除の適用を受けることができる。

④ 居住前の増改築の場合

　所有している家屋について、居住の用に供する前に一定の増改築等を行い、その後6カ月以内に居住の用に供した場合にも、増改築等に係る住宅借入金等特別控除の適用を受けることができる。

(8) 非居住者が住宅の取得等をした場合

　非居住者が住宅の取得等をする場合、次に掲げる住宅取得等に係る措置について、現行の居住者が満たすべき要件と同様の要件で非居住者が住宅の取得等をする場合等で適用できる。

① 住宅借入金等を有する場合の所得税額の特別控除
② 特定の増改築等に係る住宅借入金等を有する場合の所得税額の特別控除の控除額に係る特例
③ 既存住宅の耐震改修をした場合の所得税額の特別控除
④ 既存住宅に係る特定の改修工事をした場合の所得税額の特別控除
⑤ 認定住宅の新築等をした場合の所得税額の特別控除

❸ 住宅耐震改修特別控除

2025年12月31日までの間に、自己の居住用家屋の耐震改修工事を行った場合、その年分の所得税額から次の算式で計算した金額をその年分の所得税額から控除できる。

住宅耐震改修に係る控除額

耐震改修工事に係る標準的な費用相当額[※] (控除対象限度額：250万円)×10％

（※） 耐震改修工事の種類ごとに、単位あたりの標準的な工事費用の額として定められた金額にその耐震改修工事を行った家屋の床面積等を乗じて計算した金額。なお、改修工事の費用に関し補助金等の交付を受ける場合、その補助金等の額は控除する。

この税額控除の適用を受けるためには、次の要件を満たす必要がある。
① 対象となる家屋は1981年5月31日以前に建築された家屋で一定のものであること
② 耐震改修は、建築基準法に基づく現行の耐震基準に適合させるための改修であること
③ 一定の書類を添付して確定申告すること
なお、この控除は住宅借入金等特別控除と併用できる。また、住民税にこの制度はない。

❹ 住宅特定改修特別税額控除

（1）バリアフリー改修工事に係る税額控除

2025年12月31日までの間に、一定の個人が、自己の居住用家屋について一定のバリアフリー改修工事（例：手すりの設置、浴室やトイレの改良）を行い、改修工事の日から6カ月以内に居住の用に供した場合は、一定の要件のもとに、以下の算式で計算した金額をその年分の所得税額から控除することができる。

バリアフリー改修工事に係る控除額

バリアフリー改修工事に係る標準的な費用相当額^(※)(控除対象限度額：200万円)×10%

（※）　バリアフリー改修工事の種類ごとに単位当たりの標準的な工事費用の額として定められた金額に、その改修工事を行った床面積等を乗じて計算した金額。なお、改修工事の費用に関し補助金等の交付を受ける場合、その補助金等の額は控除する。

その年の合計所得金額が2,000万円を超える場合は当該控除の適用を受けることはできない。また、過去3年以内に当該控除の適用を受けた者は、原則として適用を受けることはできない。なお、住宅借入金等特別控除とは選択適用になる。

(2) 省エネ改修工事に係る税額控除

2025年12月31日までの間に、自己の居住用家屋について一定の省エネ改修工事（断熱改修工事等）を行い、改修工事の日から6カ月以内に居住の用に供した場合は、一定の要件のもとに、以下の算式で計算した金額をその年分の所得税額から控除することができる。

省エネ改修工事に係る控除額

省エネ改修工事に係る標準的な費用相当額^(※1)(控除対象限度額：250万円^(※2))×10%

（※1）　省エネ改修工事の種類ごとに単位当たりの標準的な工事費用の額として定められた金額にその改修工事を行った家屋の床面積等を乗じて計算した金額。なお、改修工事の費用に関し補助金等の交付を受ける場合、その補助金等の額は控除する。
（※2）　併せて太陽光発電装置を設置する場合の控除対象限度額は350万円。

その年の合計所得金額が2,000万円を超える場合は当該控除の適用を受けることはできない。

また、過去3年以内に当該控除の適用を受けた者は、原則として適用を受けることはできない。なお、住宅借入金等特別控除とは選択適用になる。

(3) 多世帯同居改修工事に係る税額控除

2025年12月31日までの間に、自己の居住用家屋について一定の多世帯同居改修工事を含む増改築工事（例：調理室や浴室の増設）を行い、工事の日から6カ月以内に居住の用に供した場合には、一定の要件のもとに、以下の算式で計算した金額をその年分の所得税額から控除することができる。

多世帯同居改修工事に係る標準的な費用相当額[※]（控除対象限度額：250万円）×10％

（※）　多世帯同居改修工事の種類ごとに単位当たりの標準的な工事費用の額として定められた金額に、その改修工事を行った床面積等を乗じて計算した金額。なお、改修工事の費用に関し補助金等の交付を受ける場合、その補助金等の額は控除する。

　その年の合計所得金額が2,000万円を超える場合は当該控除を受けることはできない。また、過去 3 年以内に当該控除を受けた者は適用を受けることができない。なお、住宅借入金等特別控除とは選択適用になる。

（4）耐久性向上改修工事に係る税額控除

　2025年12月31日までの間に、個人が自己の居住用家屋について一定の耐久性向上改修工事（例：土台や基礎の劣化対策工事、給排水管や給湯管の維持管理・更新を容易にするための工事）を耐震改修工事または省エネ改修工事と併せて行い、増改築による長期優良住宅の設定を受け、工事の日から 6 カ月以内に居住の用に供した場合、一定の要件のもとに、以下の算式で計算した金額をその年分の所得税額から控除することができる。

耐久性向上改修工事に係る標準的な費用相当額[※1]（控除対象限度額：250万円[※2]）×10％

（※1）　耐久性向上改修工事の種類ごとに、単位当たりの標準的な工事費用の額として定められた金額に、その改修工事を行った床面積等を乗じて計算した金額。なお、改修工事の費用に関し補助金等の交付を受ける場合、その補助金等の額は控除する。

（※2）　併せて太陽光発電装置を設置する場合の控除対象限度額は350万円。
　　　　耐震改修工事および省エネ改修工事と併せて一定の耐久性向上改修工事を行う場合の控除対象限度額は500万円。
　　　　耐震改修工事および省エネ改修工事と併せて一定の耐久性向上改修工事を行い、併せて太陽光発電装置を設置する場合の控除対象限度額は600万円。

　その年の合計所得金額が2,000万円を超える場合は当該控除を受けることはできない。なお、住宅借入金等特別控除とは選択適用になる。

（5）子育て対応改修工事の税額控除

　子育て特例対象個人[※1]が自己の居住用家屋について一定の子育て対応改修工事[※2]を行い、2024年 4 月 1 日から同年12月31日までの間に居住の用に供した場合には、一定の要件のもとに、以下の算式で計算した金額を2024年分の所得税額から控除することができる。

（※１）子育て特例対象個人とは、以下のいずれかに該当する者をいう。

・年齢40歳未満であって配偶者を有する者

・年齢40歳以上であって、年齢40歳未満の配偶者を有する者

・年齢19歳未満の扶養親族を有する者

（※２）一定の子育て対応改修工事とは、①住宅内における子どもの事故を防止するための工事　②対面式キッチンへの交換工事　③開口部の防犯性を高める工事　④収納設備を増設する工事　⑤開口部・界壁・床の防音性を高める工事　⑥一定の間取り変更工事であって、補助金を除いた標準的な工事費用相当額が50万円を超えるなど一定の基準を満たした工事をいう。

子育て対応改修工事に係る控除額

子育て対応改修工事に係る標準的な工事費用相当額（控除対象限度額250万円）×10%

その年の合計所得金額が2,000万円を超える場合には当該控除を受けることができない。なお、住宅借入金等特別控除とは選択適用となる。

❺ 耐震工事または改修工事の税額控除の上乗せ措置

自己の居住用家屋について、前述の「住宅耐震改修特別控除」または「住宅特定改修特別税額控除」の対象となる工事（以下、「対象工事」という）を行って、2022年1月1日から2025年12月31日までの間に居住の用に供した場合（その工事の日から6カ月以内に居住の用に供した場合に限る）、居住の用に供した年分の所得税額から次に掲げる金額の合計額^(※)の5％を控除する（100円未満切捨て）。

① 対象工事に係る標準的な工事費用相当額（各種対象工事の控除対象限度額を超える部分に限る）の合計額

② 対象工事と合わせて行うその他の一定の工事に要した費用の金額（補助金等の交付がある場合にはその補助金等の金額を控除した金額）の合計額

（※）次のa.b. のうちいずれか低い金額を限度とする。

ａ．対象工事に係る標準的な工事費用相当額の合計額

ｂ．1,000万円から当該金額（当該金額が控除対象限度額を超える場合には当該控除対象限度額）を控除した金額

❻ 認定住宅等新築等特別税額控除

新築または建築後未使用の①認定長期優良住宅、②認定低炭素住宅または③ ZEH 水準省エネ住宅（以下、本項において①〜③を「認定住宅等」という）を取得した場合において、2025年12月31日までに居住の用に供したときは、認定住宅等の基準に適合するために必要となる標準的なかかり増し費用の一定割合に相当する金額を、居住の用に供した年分の所得税額から控除することができる。

なお、住宅ローン等の借入がない場合でも適用可能であるが、住宅借入金等特別控除とは**選択適用**となる。

(1) 対象住宅

自己が居住するための住宅で、次の要件を満たすものが対象となる。

① 床面積が50㎡以上であること
② 床面積の2分の1以上がもっぱら自己の居住の用に供されるものであること
③ 認定住宅等であると証明されたものであること
④ 新築等の日から6カ月以内に居住の用に供していること

(2) 適用要件

① 控除を受ける年の合計所得金額が**2,000万円以下**であること
② 居住の用に供した年、またはその前年もしくは前々年に、次に掲げる課税の特例の適用を受けていないこと
　・居住用財産を譲渡した場合の軽減税率の特例
　・居住用財産の譲渡所得の3,000万円の特別控除の特例
③ 居住の用に供した年の翌年または翌々年、もしくは**3年目**に該当する年中にその家屋（その家屋の敷地を含む）以外の一定の資産を譲渡した場合において、その譲渡について上記②に掲げるいずれかの特定の適用を受けないこと

(3) 控除額

所得税額から控除される金額は、次の算式により計算する（100円未満切捨て）。なお、居住年の所得税額から控除してもなお**控除しきれない**金額がある場合は、1年間繰り越して、**翌年の所得税額から控除**することができる。

認定住宅の新築等に係る控除額

標準的なかかり増し費用相当額（650 万円を限度）×10％

標準的なかかり増し費用とは、2020年 1 月 1 日以後に居住の用に供した場合、認定住宅の構造の区分にかかわらず、 1 ㎡当たり定められた金額（ 4 万5,300円）に、その認定住宅の床面積を乗じて計算した金額となる。

❼ 外国税額控除

外国税額控除は、同一所得に対する国家間の二重課税を排除する目的で設けられている。

その年において納付する外国税額があるときは、次の算式により計算した控除額を限度として、その外国税額をその年分の所得税額から控除することができる。

外国税額控除の控除限度額

その年分の所得税額 $\times \dfrac{\text{その年分の国外所得の総額}}{\text{国内所得の総額＋国外所得の総額}}$

外国税額控除を受けるためには、確定申告書に外国税額控除の額やその計算の明細を記載するとともに、外国所得税が課税されたことを証明する書類などを添付しなければならない。

❽ 災害減免法による所得税の軽減免除

（1）適用要件

合計所得金額が**1,000万円以下**の納税者が、納税者や納税者と生計を一にする一定範囲内の親族の有する住宅や家財について、災害により損害が生じた場合、「災害被害者に対する租税の減免、徴収猶予等に関する法律」（災害減免法）により、その損害額（保険金などにより補てんされる金額を除く）が住宅や家財の価額の**50％以上**であるときは、雑損控除に代えて、次の金額に相当する税額の減免を受けることができる（災害とは震災、風水害、落雷、火災その他これらに類する災害をいう）。

減免額

合計所得金額が500万円以下である場合	全　額　免　除
合計所得金額が500万円超750万円以下である場合	50％相当額軽減
合計所得金額が750万円超1,000万円以下である場合	25％相当額軽減

(2) 雑損控除との選択

　災害により住宅や家財について損害を受けた場合は、雑損控除の対象ともなるので、いずれか有利なほうを選択して適用することになる。

雑損控除との選択

合計所得金額1,000万円以下 $\begin{cases} 損害額が50％以上→有利なほうを選択 \\ 損害額が50％未満→雑損控除 \end{cases}$

合計所得金額1,000万円超　　　　　　　　　　　　→雑損控除

❾ 政党等寄附金特別控除

　政党および政党の政治資金団体への寄附金のうち政治資金規正法により報告されたものについては、所得控除である寄附金控除の代わりに、税額控除である政党等寄附金特別控除の適用を受けることができる（税額控除を選択した場合は、その年中に支出した政党等に対する寄附金のすべてを税額控除の対象としなければならない）。

　政党等寄附金特別控除として所得税額から控除される金額は、次の算式により計算する。ただし、所得税額の25％が限度となる。

政党等寄附金特別控除額

$\left\{ \begin{array}{l} ①その年中に支払った政党等に対する寄附金の額の合計額 \\ ②総所得金額等×40％ \end{array} \right\} -2,000円 \right\} \times 30％$

　　①、②いずれか低いほうの金額

　（※）控除額は、所得税額の25％を限度

第5章

131

⑩ 認定 NPO 法人、公益社団法人等への寄附に係る税額控除

認定 NPO 法人および一定の要件を満たす公益社団法人等への寄附について、所得控除の適用を受けるか、税額控除の適用を受けるか、いずれか有利なほうを選択することができる。控除額は、次の算式で計算した金額である。

認定 NPO 法人等寄附金特別控除額

> ①その年中に支払った認定 NPO 法人等寄附金の額の合計額
> ②総所得金額等の合計額×40％
>
> ①、②いずれか低いほうの金額
>
> （※） 控除額は、所得税額の25％を限度

$$\left\{\begin{array}{l}①\\②\end{array}\right\}-2{,}000円 \Big\} ×40\%$$

⑪ 2024年における所得税額の特別控除（定額減税）

(1) 適用対象者・控除額

2024年の合計所得金額が1,805万円以下（給与所得の場合は原則年収2,000万円以下）の居住者は、2024年分の所得税額から特別控除額[※]が控除される。

（※）本人は 3 万円。同一生計配偶者・扶養親族等（合計所得金額が48万円以下）の居住者は 1 人につき 3 万円。本人の所得税額が上限。

(2) 特別控除の実施方法

① 給与所得者に係る特別控除の額の控除

2024年 6 月 1 日以後の最初の給与（賞与を含む）の源泉徴収税額から特別控除額が控除される。控除しきれない場合は翌月以降順次控除される。

② 公的年金等の受給者に係る特別控除の額の控除

2024年 6 月 1 日以後の最初に支払われる公的年金等の源泉徴収税額から特別控除額が控除される。控除しきれない場合は翌々月以降順次控除される。

③ 事業所得者等に係る特別控除の額の控除

2024年分の所得税に係る第 1 期分予定納税額から本人分に係る特別控除額が控除され

る。控除しきれない場合は第2期分予定納税額から控除される。なお、申請により、同一生計配偶者等に係る特別控除額も控除できるようになる。

実務上のポイント

- J -REIT の分配金に係る配当所得は、配当控除の適用を受けることができない。
- 配当控除額の計算にあたって、配当所得は、他の所得と損益通算する前の金額で計算する。
- 配当控除の控除額の計算は、課税総所得金額等が1,000万円以下の場合と1,000万円超の場合で異なる。
- 住宅借入金等特別控除の適用を受けるためには、家屋の床面積の2分の1以上に相当する部分がもっぱら居住の用に供され、かつ、床面積が原則として50㎡以上でなければならない。
- 住宅借入金等特別控除額を所得税額から控除しきれないときは、その残額（課税総所得金額等の合計額の5％相当額、9万7,500円が上限）が、翌年度分の住民税額から控除される（2022年1月～2025年12月に居住の用に供した場合）。
- 住宅の取得等をして入居した者が、入居年の12月31日までに転勤等の事由により転居した後、事由が解消して再入居した場合、所定の要件を満たせば、再入居した年以後の残存控除期間について、住宅借入金等特別控除の再適用を受けることができる。
- 給与所得者が、住宅の取得に要する資金に充てるために、その使用者から使用人である地位に基づいて借り入れた場合に、その利息の利率が0.2％未満であるときは、住宅借入金等特別控除の対象とならない。
- 認定住宅等の新築等をした場合の特別控除は、住宅借入金等特別控除との選択適用となる。

第**6**章

所得税の申告と納付

第 **1** 節

源泉徴収

　所得税は、納税者自らが所得や税額を計算し申告納付するという申告納税制度を採用している。しかし、利子所得、配当所得、給与所得、退職所得等の所得は、その所得の支払者が、その支払の際に、所定の所得税を天引徴収し、納税者に代わって納税（原則として翌月10日までに国に納付）する制度を採用している。この制度を**源泉徴収制度**という。

　この場合、源泉徴収された所得税は、**確定申告**により精算されることを原則としているが、利子所得のように源泉徴収により課税関係が終了してしまう、いわゆる**源泉分離課税**とされるものもある。

❶ 源泉徴収される所得

　源泉徴収される所得には次のようなものがある〔**図表6-1**〕。

(1) 利子所得

　銀行などの金融機関は利子所得（非課税扱いのものを除く）の支払について源泉徴収義務者となり、預金者に利子を支払う都度、**20.315％（所得税15.315％、住民税5％）**の源泉徴収を行い、翌月10日までに所轄税務署あるいは都道府県税事務所に納付しなければならない。これは原則として源泉分離課税となるので、確定申告はできず、必要もない。

(2) 配当所得

　配当所得は、原則として**20.42％**の所得税が源泉徴収される。ただし、上場株式等の配当については、原則として20.315％（所得税15.315％、住民税5％）が源泉徴収される。

　配当所得は、原則として確定申告の対象とされ、所得税、住民税とも総合課税扱いとなる。上場株式等の配当所得については、総合課税によらず、申告分離課税を選択することができる。

〔図表 6 - 1〕 源泉徴収制度の対象となる所得

所得	内容		税率
利子所得	預貯金および公社債の利子等		20.315%（所得税15.315%、住民税 5 %）
配当所得	原則（非上場株式など）		20.42%（所得税20.42%）
	一定の上場株式等	2014年 1 月 1 日以降に支払を受ける配当	20.315%（所得税15.315%、住民税 5 %）
給与所得	俸給、給料、賃金、歳費、賞与その他これらの性質を有する給与		給与所得の源泉徴収税額表による
事業所得・雑所得	報酬・料金等	原稿料、作曲料、印税、講演料、デザイン報酬等	10.21%（所得税10.21%）ただし、100万円を超える部分は20.42%
		弁護士、公認会計士、税理士、社会保険労務士、弁理士等の報酬	10.21%（所得税10.21%）ただし、100万円を超える部分は20.42%
		司法書士、土地家屋調査士等の報酬	1 回の支払金額から 1 万円を差し引いた金額に対して10.21%（所得税10.21%）
		社会保険診療報酬（社会保険診療報酬支払基金が支払うものに限る）	その月分の支払金額から20万円を差し引いた金額に対して10.21%（所得税10.21%）
	公的年金等		一定の控除額を控除した残額に対して5.105%（所得税5.105%）
	定期積金の給付補てん金等		20.315%（所得税15.315%、住民税 5 %）
一時所得	5 年以下の一時払養老保険等の差益		20.315%（所得税15.315%、住民税 5 %）
退職所得	「退職所得の受給に関する申告書」の提出	あり	原則として退職所得控除後の 2 分の 1 の金額に対して累進税率適用
		なし	20.42%（所得税20.42%）

（※ 1 ） 給与所得の源泉徴収税額表は月給制の者に対する月額表、日給制の者等に対する日額表、賞与に対する源泉徴収税額表の 3 つから構成されており、それぞれの表において支払金額や扶養親族等の数に応じた源泉徴収すべき額が表示されている。勤務先に対し「給与所得者の扶養控除等申告書」を提出した者はそれぞれの表の甲欄の適用となる。提出しない者は乙欄の適用となる（甲欄に比べて乙欄は源泉徴収税額が高く設定されている）。

（※ 2 ） 2013年 1 月 1 日から2037年12月31日までの間に支払われる上記源泉徴収対象となる所得に対する各種源泉徴収に対する税額について、2.1%を乗じて計算した金額が復興特別所得税として上乗せされている（第 1 章参照）。

(3) 給与所得

　給与の支払者は、毎月の給料や賞与の支払の際に所得税を源泉徴収する。この源泉徴収税額は給与所得の源泉徴収税額表に従って決定される。給与所得の源泉徴収税額表は月給

制の者に対する月額表、日給制の者等に対する日額表、賞与に対する源泉徴収税額表の3つからなっている。それぞれの表において支払金額や扶養親族等の数に応じた源泉徴収すべき額が表示されている。

① 給与所得者の扶養控除等申告書

給与所得者は原則として主たる給与支払者から最初の給与の支払がされる前に「給与所得者の扶養控除等申告書」を提出することになっている。この申告書を提出した者はそれぞれの表の甲欄の適用となり、提出しない者は乙欄の適用となる（甲欄に比べて乙欄は源泉徴収税額が高く設定されている）。

「給与所得者の扶養控除等申告書」は主たる給与の支払者1カ所にしか提出できない。したがって、2カ所以上から給与の支払を受ける者は、主たる給与以外は乙欄の適用となる。

② 年末調整

主たる給与の支払者においては毎年末に受給者ごとの1年間の給与の支給額とその源泉徴収税額を集計し、その者の1年間の所得税額を計算し、精算することになっている。これを年末調整という。

給与所得者は年末までに、自分の扶養親族等の状況、保険料の支払状況等を給与支払者に申告することになっている。

年末調整された給与所得者は、原則として確定申告は不要となるが、ほかに所得のある者、確定申告することにより税金が還付される者は、確定申告をすることになる。

(4) 事業所得・雑所得

① 事業所得や雑所得となる報酬・料金

事業所得や雑所得となる報酬や料金については、その支払の際に支払金額から所定の税率により源泉徴収される。これは確定申告により精算することになる。

② 雑所得となる公的年金等

雑所得となる公的年金等のうち、一定額以上のものについては、公的年金等の支給金額から一定の控除額を控除した残額に5.105%の税率により所得税が源泉徴収される。これは確定申告により精算することになる。

③ 雑所得となる定期積金の給付補てん金等

雑所得となる定期積金の給付補てん金、抵当証券の利息や外貨投資口座の為替差益などについては、20.315%（所得税15.315%、住民税5%）の税率により源泉徴収される。これは源泉分離課税となり課税関係は終了する。

(5) 譲渡所得

譲渡所得のうち、貴金属の売戻し条件付売買の利益（いわゆる金投資（貯蓄）口座の利益など）については、支払の際、20.315％（所得税15.315％、住民税5％）の税率により源泉徴収される。これは源泉分離課税となり課税関係が終了する。

(6) 一時所得

一時払養老保険、一時払損害保険等の差益（保険期間が5年以下のものや、保険期間が5年を超えるもので保険期間等の初日から5年以内に解約されたもののうち一定のものに基づく差益）、懸賞金付預貯金等の懸賞金等については、支払の際、20.315％（所得税15.315％、住民税5％）の税率により源泉徴収される。これは源泉分離課税となり、源泉徴収だけで課税関係は終了する。

(7) 退職所得

退職所得については、退職金等の支払を受ける際に「退職所得の受給に関する申告書」を提出すれば、「退職所得の源泉徴収税額表」によって所得税の源泉徴収がされ、退職所得の金額に対する所得税の精算は終了し、通常は確定申告は不要となる。また、この場合、住民税も退職所得の金額の10％が特別徴収されて、住民税の課税関係も精算される（現年分離課税）。「退職所得の受給に関する申告書」を提出しないときは、退職金等の収入金額の20.42％が所得税として源泉徴収され、退職所得の金額の10％が住民税として特別徴収される。これは、確定申告により精算することになる。

なお、退職所得から源泉徴収される所得税については、各種所得控除が配慮されていないので、各種所得控除が使いきれていない者は確定申告をしたほうが有利となる。また、ほかに損益通算の対象となる赤字の所得がある場合などは、所得税の計算上、確定申告をしたほうが有利となる。しかし、所得税において確定申告をしても、住民税においては現年分離課税となるため、分離課税の退職所得の金額からほかの所得の赤字の金額を損益通算することはできず、純損失の繰越控除もできない。また、総所得金額から控除しきれない所得控除の額を差し引くこともできない。したがって、退職所得について所得税で確定申告をして所得税の還付を受けたとしても、住民税の税額は変わらない（還付されない）。

第6章

❷ 支払調書、源泉徴収票

（1）支払調書

　居住者や内国法人に対して利子、配当、報酬、料金などを支払う場合には、原則として その翌年1月31日までに税務署長宛に、その支払金額や源泉徴収税額などを記載した支払 調書を提出しなければならない。ただし、報酬・料金等の種類に応じて提出範囲の金額が 定められている。

（2）源泉徴収票

　同一人に年間500万円（会社が役員に対して支払うものについては150万円）を超える給 与等の支払をする者や、会社の役員に対して退職手当等の支払をする者は、その翌年1月 31日までに税務署長宛に、その給与、退職手当等の金額や源泉徴収税額などを記載した源 泉徴収票を提出しなければならない。

　なお、行政手続における特定の個人を識別するための番号の利用等に関する法律（いわ ゆるマイナンバー法）の施行により、2016年1月から源泉徴収票の様式が変更され、①給 与等の支払を受ける者の個人番号、②控除対象配偶者の氏名および個人番号、③扶養親族 の氏名および個人番号、④給与等の支払をする者の個人番号または法人番号の記載が必要 となる。ただし、本人に交付する給与所得の源泉徴収票については、個人番号の記載は行 わない。

（3）給与支払報告書

　給与の支払をした者は、翌年1月31日までに、給与の支払を受ける者ごとに給与支払報 告書を作成し、それぞれの住所地の市（区）町村へ提出しなければならない。この給与支 払報告書に基づいて、各市（区）町村は各給与所得者の住民税を計算し、給与の支払者に 特別徴収税額を通知することになっている。給与の支払者は通知のあった**特別徴収税額**を 各人に支払う給与から差し引き、翌月10日までに各市（区）町村に納付することになって いる（これを**特別徴収**という）。

　なお、年の途中で退職した者については、退職日の翌年1月31日までに退職時の住所地 の市（区）町村へ給与支払報告書を提出することが義務付けられている。

❸ 源泉徴収票の見方

　会社員の場合、年末調整後に給与支払者から、1年間の給与支払金額および源泉徴収税額などが記載された源泉徴収票を受け取る。この源泉徴収票が給与の証明書となる。

　なお、源泉徴収票は、かつては確定申告の際には申告書に添付する必要があったが、現

令和 6 年分 　給与所得の源泉徴収票

支払を受ける者	住所又は居所	東京都江東区×××				

(受給者番号)
(役職名)
氏名(フリガナ) A

種　別	支　払　金　額	給与所得控除後の金額（調整控除後）	所得控除の額の合計額	源泉徴収税額
給料賞与	内 10 000 000	7 900 000	2 760 000	内 398 700

(源泉)控除対象配偶者の有無等		配偶者(特別)控除の額	控除対象扶養親族の数（配偶者を除く。）				16歳未満扶養親族の数	障害者の数（本人を除く。）		非居住者である親族の数
有	従有		特定	老人	その他			特別	その他	
○		380 000	1人		1人					

社会保険料等の金額	生命保険料の控除額	地震保険料の控除額	住宅借入金等特別控除の額
内 740 000	100 000	50 000	210 000

(摘要)

生命保険料の金額の内訳	新生命保険料の金額		旧生命保険料の金額 120,000	介護医療保険料の金額		新個人年金保険料の金額		旧個人年金保険料の金額 116,000
住宅借入金等特別控除の額の内訳	住宅借入金等特別控除適用数 1	居住開始年月日(1回目) 25年10月1日		住宅借入金等特別控除区分(1回目) 住				
	住宅借入金等特別控除可能額	居住開始年月日(2回目)　年　月　日		住宅借入金等特別控除区分(2回目)		住宅借入金等年末残高(1回目)		
						住宅借入金等年末残高(2回目)		

(源泉・特別)控除対象配偶者	フリガナ		区分	配偶者の合計所得 0	国民年金保険料等の金額	旧長期損害保険料の金額	
	氏名 B			基礎控除の額	所得金額調整控除額 150,000		

控除対象扶養親族	1	フリガナ 氏名 C	区分		16歳未満の扶養親族	1	フリガナ 氏名	区分
	2	フリガナ 氏名 D	区分			2	フリガナ 氏名	区分
	3	フリガナ 氏名	区分			3	フリガナ 氏名	区分
	4	フリガナ 氏名	区分			4	フリガナ 氏名	区分

未成年者	外国人	死亡退職	災害者	乙欄	本人が障害者		寡婦	ひとり親	勤労学生	中途就・退職				受給者生年月日			
					特別	その他				就職	退職	年	月 日	元号 昭和	年 50	月 11	日 7

支払者	住所(居所)又は所在地	東京都千代田区霞ヶ関6−1−1
	氏名又は名称	○○産業株式会社　　(電話) 03-0000-0000

（※）2021年分の源泉徴収票を基に作成。

第6章

在は申告の際の添付書類が簡素化され、源泉徴収票の添付は不要となっている。

　上記源泉徴収票に基づいて、Aさんの税額を再計算してみる。なお、2024年に実施される定額減税については考慮しない。

① **給与所得控除後の金額（調整控除後）**

　給与所得控除額は、収入金額が850万円超であるため、195万円。

　給与所得控除後の金額　1,000万円－195万円＝805万円

　加えて、Aさんには年齢23歳未満の扶養親族がいるため、（1,000万円－850万円）×10％＝15万円も控除される（所得金額調整控除）。

　給与所得控除後の金額（調整控除後）　805万円－15万円＝790万円

② **所得控除の額の合計額**

配偶者控除額	38万円
扶養控除額　特定	63万円
一般	38万円
社会保険料等控除額	74万円
生命保険料控除額	10万円
地震保険料控除額	5万円
基礎控除額	48万円
合計	276万円

③ **課税総所得金額**

　790万円－276万円（所得控除）＝514万円

④ **課税総所得金額に対する税額**

　514万円×20％－42万7,500円＝60万500円

⑤ **所得税額**

　60万500円－21万円（住宅借入金等特別控除）＝39万500円

⑥ **復興特別所得税**

　39万500円×2.1％＝8,200.5円→8,200円（円未満切捨て）

⑦ **源泉徴収税額（年税額）**

　⑤＋⑥＝39万8,700円

　このように年末調整がされた源泉徴収票の源泉徴収税額欄の数字は、正当な年税額と一致することになっている。

確定申告

① 確定申告の期間と期限

　所得税法では、源泉分離課税の所得以外の所得については、納税者が自主的に1月1日から12月31日までの所得の金額から税額を計算し、その翌年の**2月16日から3月15日**までの間に、納税地の所轄税務署長に対して**確定申告書**を提出し、所得税を納付することになっている。ただし、年の中途で死亡したり、海外へ出国したときは、これとは異なる取扱いが定められている。

　確定申告書を提出する方法としては、確定申告書を税務署に持参または送付して提出する方法のほかに、e -Tax というシステムを利用し、申告書等を電子データの形式でインターネットを通じて送信する方法がある。

　なお、所得税の確定申告書を申告期限内に提出した場合において、当該申告書の提出により納付すべき所得税をその納期限までに完納しないときは、原則として、納期限の翌日から完納する日までの日数に応じた延滞税が課される。

② 確定申告を要する者

（1）一般の者の場合

　各種の所得金額の合計額が雑損控除その他の所得控除の額の合計額を超え、その超える額に税率を適用して計算した所得税額が配当控除額および年末調整に係る住宅借入金等特別控除額との合計額を超える者は、原則として確定申告をしなければならない。

　「各種の所得金額の合計額」とは〔図表6－2〕に示す所得の合計額である。

　外国税額控除は確定申告書にその控除に関する事項を記載しなければ適用されないので、

第6章

〔図表6-2〕各種の所得金額の合計額

・純損失、居住用財産の買換え等の場合の譲渡損失、特定居住用財産の譲渡損失または雑損失の繰越控除後の総所得金額
・申告分離課税の上場株式等に係る配当所得等の金額（上場株式等に係る譲渡損失の損益通算および繰越控除の適用後の金額）
・土地等に係る事業所得等の金額(※)
・分離短期譲渡所得の金額（特別控除後）
・分離長期譲渡所得の金額（特別控除後）
・株式等に係る譲渡所得等の金額（上場株式等に係る譲渡損失の繰越控除および特定株式に係る譲渡損失の繰越控除の特例の適用後の金額）
・退職所得金額（2分の1後）
・先物取引に係る雑所得等の金額（先物取引の差金等決済に係る損失の繰越控除の適用がある場合には適用後の金額）
・山林所得金額（特別控除後）

(※) 1998年1月1日から2026年3月31日までの間については適用なし。

課税所得金額に税率を乗じて計算した税額から外国税額控除を控除して所得税額がなくなる場合でも、外国税額控除の適用を受けるには確定申告書を提出しなければならない。

なお、2022年1月1日以後に確定申告書の提出期限が到来する所得税からは、計算した所得税の額の合計額が配当控除の額を超える場合であっても、控除しきれなかった外国税額控除の額があるとき、控除しきれなかった源泉徴収税額があるとき、または控除しきれなかった予納税額があるときは、確定申告書の提出を要しないこととされる。

(2) 給与所得者の場合

給与所得者は年末調整によって所得税額が精算されるので、通常は確定申告の必要はないが、次の場合は確定申告をしなければならない。

① その年中に支払を受ける給与等の金額が2,000万円を超える者

② 1カ所から給与等の支払を受けている者で給与所得以外の所得のある者

その年中に支払を受ける給与等の金額が2,000万円以下であっても、「給与所得および退職所得以外の所得の金額の合計額（一定のものを除く）」が20万円を超える者は、確定申告をしなければならない。

③ 2カ所以上から給与等の支払を受けている者

源泉徴収はされているが年末調整を受けない従たる給与等の金額と給与所得および退職所得以外の所得の金額の合計額（一定のものを除く）が20万円を超える者は、確定申告をしなければならない。

ただし、その年中の給与等の金額から社会保険料控除額、小規模企業共済等掛金控除額、生命保険料控除額、地震保険料控除額、障害者控除額、寡婦控除額、ひとり親控除額、勤

労学生控除額、配偶者控除額、配偶者特別控除額および扶養控除額の合計額を差し引いた残額が150万円以下で、かつ、給与所得および退職所得以外の所得の金額の合計額（一定のものを除く）が20万円以下の者は、確定申告をする必要はない。

④　同族会社の役員等

同族会社の役員、またはその者と特殊な関係にある次に掲げる者で、その同族会社から給与等のほかに、**事業資金を貸し付けて**その利子の支払を受けている者、または**不動産**、動産、営業権その他の資産をその同族会社の事業用として**貸し付けて賃貸料**などの**支払を受けている者**は、確定申告をする必要がある。

　a．その役員の親族である者またはあった者

　b．その役員と内縁関係にある者またはあった者

　c．その役員から受ける金銭その他の資産によって生計を維持している者

⑤　災害減免法によって源泉徴収の猶予などを受けた者

災害によって住宅または家財に被害を受けたため、災害減免法の適用を受けて給与等に対する所得税の源泉徴収を猶予され、または給与等に対する源泉徴収税額の還付を受けた者は、確定申告をする必要がある。

⑥　源泉徴収の規定が適用されない給与等の支払を受ける者

所得税の源泉徴収が行われない次のような給与等の支払を受けている者で、「各種の所得金額の合計額」が雑損控除その他の所得控除の額の合計額を超え、その超える額に税率を適用して計算した所得税額が配当控除額を超える者は、確定申告をする必要がある。

- 家事使用人給与等（常時2人以下の家事使用人だけを使用している雇主から支払を受ける家事使用人等の給与）
- 在日外国公館から支払を受ける給与
- 国外で支払を受ける給与

（3）退職所得のある者の場合

退職手当等の支払を受ける者は、「**退職所得の受給に関する申告書**」を提出した場合には、通常その退職所得については改めて**確定申告をする必要はない**。「**退職所得の受給に関する申告書**」**を提出しない**場合には退職手当等について**支払額の20.42％の税率で源泉徴収**が行われているので、課税退職所得金額に対する税額を計算して、その税額が源泉徴収された税額よりも多くなるときは、退職所得についての確定申告書を提出しなければならない。なお、源泉徴収された税額よりも少なくなるときは、確定申告をすることにより差額分の税額が還付される。

(4) 公的年金受給者の場合

公的年金について源泉徴収された金額は、給与所得のように年末調整で源泉徴収税額が精算されるということはないので、原則として確定申告を要する。

なお、公的年金等の収入金額が**400万円以下**で、かつ、その年金等以外のほかの所得の金額が**20万円以下**の者については確定申告不要とすることができる（ただし、源泉徴収の対象とならない公的年金等の支給を受ける者を除く）。

(5) 電子申告における第三者作成書類の添付省略

所得税の確定申告を電子申告により行う場合、生命保険料控除の証明書や地震保険料控除の証明書等の一定の第三者作成書類は、当該事項を入力して送信することにより、当該書類の添付等を省略することができる。なお、税務署長は、原則として確定申告期限から5年間、その内容の確認のために当該書類の提出等を求めることができる。

❸ 確定申告による税金の還付

確定申告を必要としない者でも、源泉徴収された税金や予定納税をした税金が納めすぎになっている次のような場合は、確定申告をすれば過納分の税金が還付される。この申告を還付申告という。

① 所得が少ない者で、配当や原稿料などの所得があり、源泉徴収された税額が申告による税額を超える者

② 給与所得者で、雑損控除、医療費控除、寄附金控除、配当控除、住宅借入金等特別控除などを受けることができる者

③ 年の中途で退職した後、就職しなかった者で、年末調整を受けなかった者

④ 予定納税をしている者で、その年の所得が前年に比べ大きく減少した者

⑤ ほかの所得で損失が発生していて、損益通算できる者

⑥ 退職所得者で、「退職所得の受給に関する申告書」を提出しなかったため、20.42％の税率で源泉徴収された者

⑦ 災害減免法の適用を受けることができる者

還付申告書は、確定申告期間とは関係なく、その年の翌年1月1日から**5年間**提出が可能である。

❹ 死亡・出国の場合の申告

　確定申告をしなければならない者が死亡した場合は、その年の 1 月 1 日から死亡の日までの所得金額について、その相続の開始があったことを知った日の翌日から **4 カ月**以内に、相続人が死亡した者に代わって確定申告をしなければならない。

　また、確定申告をしなければならない者が年の途中で外国に移住するために出国する場合は、その出国の日までに、その年の 1 月 1 日から出国の日までの所得金額について、確定申告をしなければならない〔図表 6 - 3〕。

　これらの申告を**準確定申告**という。

　なお、準確定申告において配偶者控除や扶養控除等の対象となった者でも、所定の要件を満たせば、同年中において他の納税者の控除対象配偶者や控除対象扶養親族等になることが可能である。

〔図表 6 - 3〕死亡・出国の場合の確定申告書の提出

区分	申告を要する場合	申告期限	申告する者
死亡	①　確定申告を要する者が、その年の翌年の 1 月 1 日から 3 月15日までに、その年分について申告しないで死亡した場合 ②　年の中途で死亡した者が、死亡した年分の所得税について、確定申告を要する者に該当する場合	相続の開始があったことを知った日の翌日から 4 カ月以内	相続人（準確定申告）
出国	①　確定申告を要する者が、その年の翌年の 1 月 1 日から 3 月15日までに出国する場合 ②　年の中途で出国する時に、その年の 1 月 1 日から出国の時までの所得について、確定申告を要する者に該当する場合	その出国の日まで	出国する者 (※)

（※）納税管理人を定めた場合は、一般の者と同じように翌年の 2 月16日から 3 月15日までの間に、納税管理人が申告する。

第6章

147

❺ 期限後申告と修正申告、更正と決定

(1) 期限後申告

　確定申告を必要とする者が、申告期限までに申告しなかった場合は、申告期限後であっても、税務署から決定の通知があるまでなら、いつでも確定申告をすることができる。これを「期限後申告」という。

　期限後申告をすると、その申告により納付すべき税額に15％（50万円を超える追徴税額部分については20％）を乗じた金額の無申告加算税が課される。ただし、税務署長の決定があるべきことを予知せずに自主的になされた期限後申告の場合は5％（「事前通知」から「更正予知」までの間は10％（50万円を超える追徴税額部分については15％））となる。

(2) 修正申告

　確定申告後、申告漏れとなっていた所得があることが判明し、納付すべき税額が不足する場合などには、税務署から更正の通知があるまでは、いつでも修正申告ができる。

　修正申告をすると、その修正申告により新たに納付することとなる税額に10％の**過少申告加算税**（一定金額を超える部分は5％を加算し15％）が課税される。ただし、税務署長の更正があるべきことを予知せずに自主的になされた修正申告の場合は、過少申告加算税は課されない（「事前通知」から「更正予知」までの間は5％または10％）。

　令和6年1月1日以後に法定申告期限が到来するもの（令和5年分以降）について、税務調査等で帳簿の提示または提出を求められた際、帳簿の提示等をしなかった場合および帳簿への売上金額の記載が本来記載等すべき金額の2分の1未満だった場合は、納付すべき税額に対して10％の割合を乗じて計算した金額が、帳簿への売上金額の記載等が本来記載等すべき金額の3分の2未満だった場合は納付すべき税額に対して5％の割合を乗じて計算した金額が、加算される。

(3) 更正と決定

① 更正

　申告書の所得金額や税額等に誤り（事実誤認、規定違反等）があって、税務当局が職権によって改めることを更正という。更正が行われたときは、更正通知書により納税者に通知され、1カ月以内に追徴税額を納めなければならない。

更正の場合は、納付税額の10%の過少申告加算税（一定金額を超える部分は5％を加算し15%）が課される。

②　決定

申告書の提出がない場合に、税務当局が調査して、所得金額や税額を決めることを決定という。決定された場合には、決定通知書により納税者に通知され、1カ月以内に税額を納付しなければならない。

決定の場合、納付税額の15%（50万円を超える追徴税額部分については20%）の無申告加算税が課される。

なお、更正または決定できる期間は次のとおりである。

・原則として法定申告期限から更正は5年、決定は5年
・偽りその他不正の行為に係るものについての更正または決定は法定申告期限から7年

(4) 更正の請求

確定申告後、過大に税金を納付していたことが判明したときなどは、原則として申告期限後**5年以内**に限り、誤っていた税額を正当な税額にするための更正の請求をすることができる。

❻ 再調査の請求、審査請求

(1) 再調査の請求

税務署長の更正や決定について納税者に不服があるときは、その更正や決定の処分の通知を受けた日の翌日から3カ月以内に、原則として税務署長に再調査の請求ができる。再調査の請求があったときは、税務署長は再調査の請求に対する決定を行い、決定書の謄本を納税者に送付する。

(2) 審査請求

再調査の請求についての決定にさらに不服があるときは、再調査決定書の謄本の送達のあった日の翌日から1カ月以内に、国税不服審判所長に審査請求ができる。審査請求は、**再調査の請求を経ずに行う**こともでき、その場合は処分の通知を受けた日の翌日から3カ月以内に請求を行う必要がある。審査請求があったときは、国税不服審判所長は担当審判

官および参加審判官の議決に基づいて裁決を行い、その裁決書の謄本を不服申立人に送付する。

(3) 訴訟

　審査請求についての裁決についてさらに不服があるときは、その裁決の通知を受けた日の翌日から6カ月以内に裁判所に提訴することができる。

実務上のポイント

- 確定申告を要する者は、原則として、所得が生じた年の翌年の2月16日から3月15日までの間に、納税地の所轄税務署長に対して確定申告書を提出しなければならない。
- 所得税の確定申告書を申告期限内に提出した場合で、当該申告書の提出により納付すべき所得税をその納期限までに完納しないときは、原則として、納期限の翌日から完納する日までの日数に応じた延滞税が課される。
- 同族会社の役員が、当該同族会社に資金を貸し付け、役員給与のほかにその利子の支払を受けている場合、確定申告を行う必要がある。
- 源泉徴収の対象となる公的年金等の収入金額が400万円以下である場合に、その年分の公的年金等に係る雑所得以外の所得金額が20万円以下であるときは、原則として、確定申告書を提出する必要はない。
- 還付申告書は、控除等が発生した年の翌年1月1日から5年間提出が可能である。
- 確定申告後、確定申告書の記載内容に誤りがあり、納付すべき税額が不足していた場合、修正申告を行うと、新たに納めることになった税額のほかに過少申告加算税が課される。なお、自主的になされた修正申告であれば、過少申告加算税は課されない。
- 確定申告後、納付した税額が過大であったことが判明した場合、法定申告期限から5年以内に限り、更正の請求を行うことができる。
- 国税不服審判所長に対する審査請求は、再調査の請求を経ずに行うことができる。

第**3**節

青色申告

　納税者が一定の帳簿を備えて通常より水準の高い記帳を行い、これに基づき自主的に正しく申告をする場合は、税務上、各種の特典が付与される〔図表6－4〕。このような申告をする者を「青色申告者」と呼び、ほかの通常の申告をする者（白色申告者）と区別している。

〔図表6－4〕青色申告の主な特典

	特典	特典の内容	白色申告での取扱い
所得計算上の特典	青色事業専従者給与の必要経費算入	青色事業専従者給与は、適正額であれば全額が必要経費に算入できる	事業専従者控除として、最高86万円まで必要経費に算入できる
	青色申告特別控除	最高55万円（一定の条件を満たすと65万円）の控除ができる	控除は受けられない
	各種引当金の繰入れ	貸倒引当金などの繰入れができる	各種引当金の繰入れができない（個別評価する貸倒引当金を除く）
	各種準備金の積立て	農業経営基盤強化準備金などの積立てができる	各種準備金の積立てができない
	減価償却の特例	特定設備等の特別償却、耐用年数の短縮などができる	これらの特例の適用は受けられない（サービス付き高齢者向け賃貸住宅の割増償却等を除く）
	30万円未満の減価償却資産の全額必要経費算入	従業員500人以下の青色申告者は30万円未満の減価償却資産につき業務供用年に全額必要経費に算入できる（年間300万円を限度とする）	この特例は受けられない
	棚卸資産の低価法の選択	棚卸資産の評価において低価法の選択ができる	選択できない
純損失の繰越控除		純損失は、3年間の繰越控除ができる	純損失のうち、変動所得の損失や事業用資産の災害による損失のみ、3年間の繰越控除ができる
純損失の繰戻還付		純損失について前年分の所得に対する税額から還付を受けられる	還付は受けられない
手続上の特典	更正の制限	原則として帳簿を調査した後でなければ更正できない	いわゆる推計課税が行われることがある

（※）更正の理由附記について、個人の白色申告者等に対しても、2013年において記帳・帳簿等の保存義務が課されている者は、2013年1月1日以後に行う処分より、それ以外の者は、2014年1月1日以後に行う処分より理由附記が実施される。

第**6**章

青色申告のできる者は、**不動産所得、事業所得または山林所得を生ずべき業務を行う居**住者や、これらの業務を国内において行う非居住者のうち、青色申告書の提出について**税務署長の承認**を受けている者に限られる。

① 青色申告の承認申請

(1) 青色申告の承認申請と処分

青色申告をしようとする納税者は、所轄税務署長に**青色申告承認申請書**を提出しなければならない。青色申告の申請期限は〔図表6－5〕のように定められている。

青色申告承認申請書の提出を受けた税務署長は、申請に対する承認の有無を申請者に通知することになっている。ただし、その年の12月31日（その年11月1日以降新規に業務を開始したときは、その翌年2月15日）までに通知がない場合は、自動的に承認されたものとみなされる。

なお、被相続人の業務を相続人が承継する場合には、新規に業務を開始したことになり、**相続人が青色申告をしようとする場合には青色申告承認申請書を提出しなければならない。**この場合の申請期限は、死亡が1月1日から8月31日までの場合は**4カ月以内**（みなし承認は12月31日）、死亡が9月1日から10月31日までの場合は**12月31日まで**（みなし承認は12月31日）、死亡が11月1日から12月31日までの場合は**翌年2月15日まで**（みなし承認は翌年2月15日）となる。**被相続人が白色申告者**であった場合、**申請期限は原則どおりとなる。**

〔図表6－5〕青色申告の申請期限

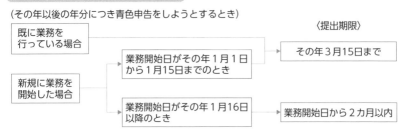

(2) 青色事業専従者給与に関する届出

　その年分以後について、**青色事業専従者に支払った給与を必要経費**として認めてもらうためには、青色事業専従者の氏名や給与の額などを記載した**青色事業専従者給与に関する届出書**を、原則として、その年の**3月15日**までに税務署長に**提出**しなければならない（その年1月16日以降に新規に**事業を開始**した場合や**新たに専従者ができた場合**は、その日から**2カ月以内**）。

(3) 棚卸資産の評価方法

　棚卸資産の評価は、原価法が原則的評価方法であるが、**青色申告者**の場合には、**低価法**による評価も**認められている**。棚卸資産の評価方法の選定に関する届出は、確定申告書の提出期限までに、税務署長に届け出なければならない。この届出をしなかった場合は、最終仕入原価法により評価される。

　また、既に採用している評価方法を変更する場合は、新しい評価方法を採用しようとする年の3月15日までに、税務署長に承認の申請をしなければならない。

❷ 青色申告の記帳義務

　青色申告をする人は、〔図表6−6〕に示す帳簿を備えて、不動産所得の金額、事業所得の金額および山林所得の金額に係る取引を記録し、かつ、その帳簿を原則として**7年間**保存しなければならない。

　なお、青色申告者が不動産所得、事業所得または山林所得を生ずべき業務のうち2以上

第6章

〔図表6−6〕青色申告の記帳義務

区　　分	帳　　簿
正規の帳簿で記帳する者	年末に貸借対照表や損益計算書を作成できるような正規の簿記（複式簿記）により記帳する
簡易帳簿で記帳する者（簡易簿記）	正規の簿記によらず、次の帳簿を備えて簡略な記帳をするだけでよい ①現金出納帳　②売掛帳　③買掛帳　④経費明細帳 ⑤固定資産台帳
現金主義で記帳する者（現金式簡易簿記）	前々年の事業所得と不動産所得の合計額が300万円以下の者は、現金主義による記帳ができる。現金収支を中心とする簡易な記帳をするだけでよい

の業務を営む場合、**損益計算書**はそれぞれの業務に係るものの区分ごとに**各別に作成**し、**貸借対照表**はすべての業務に係るものを**合併して作成**するものとされている。

❸ 青色申告の取消しと取りやめ

(1) 取消し

青色申告者に次のいずれかに該当する事実がある場合には、その事実のあった年に遡って青色申告の承認が取り消される。
① 帳簿書類の備付け、記録、保存が法令の規定にそって行われていない場合
② 帳簿書類に取引の全部または一部を隠ぺい、仮装して記載していたり、記載事項全体の真実性を疑うに足りる相当な理由がある場合
③ 帳簿書類について税務署長の指示に従わなかった場合

(2) 取りやめ

青色申告の承認を受けている者が自ら青色申告を**取りやめ**ようとするときは、その年分の所得税に係る確定申告期限内に税務署長に届け出なければならない。

❹ 青色申告特別控除

(1) 55万円（65万円）の青色申告特別控除

不動産所得（事業的規模に限る）または**事業所得を生ずべき事業**を営む青色申告者で、これらの所得金額に係る取引を**正規の簿記の原則**に従い記録している者については、**期限内申告、貸借対照表の添付等**の一定の要件のもとで、その年分の不動産所得の金額または事業所得の金額の計算上、青色申告特別控除として**最高55万円を控除**することができる。

ただし、取引を正規の簿記の原則に従い記録している者であって、一定の電子帳簿保存または電子申告（e-Tax による申告）を行う場合には、控除額は**65万円**となる。

(2) 10万円の青色申告特別控除

（1）以外の青色申告者については、**10万円の青色申告特別控除**が認められる。具体的には、**事業的規模に至らない不動産所得のみを有する者**、**山林所得のみを有する者**、帳簿記録要件を満たさない者、期限後申告した者は、10万円の青色申告特別控除の対象となる。

❺ 純損失の繰越控除

青色申告をした年において、**損益通算**によってもなお**引ききれなかった損失**の金額（純損失の金額）があるときは、一定の要件を満たす場合、その純損失の金額を翌年以降3年間に繰り越したり、または**前年に繰り戻す**ことができる。

実務上のポイント

- 不動産所得、事業所得または山林所得を生ずべき業務を行う者は、納税地の所轄税務署長の承認を受けて、青色申告書を提出することができる。

- その年の 1 月16日以後新たに業務を開始した者が、その年分から新たに青色申告の適用を受けようとする場合には、その業務を開始した日から 2 カ月以内に「青色申告承認申請書」を納税地の所轄税務署長に提出し、その承認を受けなければならない。

- 前年から既に業務を行っている者が、その年分から新たに青色申告の適用を受けようとする場合には、原則として、その年の 3 月15日までに「青色申告承認申請書」を納税地の所轄税務署長に提出し、その承認を受けなければならない。

- 青色申告者が死亡し、相続人が業務を承継して青色申告をしようとする場合には、当該相続人が青色申告承認申請書を提出する必要がある（提出期限は被相続人の死亡日によって異なる）。

- 青色申告者は、棚卸資産の評価方法として、低価法を選択することができる。

- 青色申告者は、仕訳帳、総勘定元帳などの帳簿や貸借対照表、損益計算書などの決算関係書類を、原則として 7 年間保存しなければならない。

- 青色申告者が不動産所得、事業所得または山林所得を生ずべき業務のうち 2 以上の業務を営む場合、損益計算書はそれぞれの業務について各別に作成し、貸借対照表はすべての業務に係るものを合併して作成しなければならない。

第4節

納付

① 予定納税

　所得税では、確定申告を行って納税することになっているが、納税者の負担などを考慮して、「予定納税」の制度が設けられている。予定納税とは、前年分の納税額を基にその年の税額を推定し、あらかじめ税金を分割納付する制度である。予定納税額は、前年と同額の所得が発生するものと仮定して計算され、その額（予定納税基準額）が15万円以上になる人は予定納税が必要になり、税務署からその年の6月15日までにその旨の通知がある。予定納税の方法は、見積税額の3分の1ずつを、第1期分として7月1日から7月31日までに、第2期分として11月1日から11月30日までに納めることになっている。

　予定納税基準額とは、次の金額をいう。

予定納税基準額

> 前年分の経常的な所得に係る課税総所得金額に対する所得税額 − 前年分の源泉徴収税額

② 確定申告による納付

　確定申告書をその提出期限内に提出することによって納付すべき税額（第3期分）は、1年間について納めるべき税額（年税額）から、既に所得の収入のときに源泉徴収された金額があれば、これを控除する。それは、源泉徴収された税額が、その年の税金の前払いであることによる。また、予定納税額も控除する。

確定申告による納付額

> 年税額 − 源泉徴収税額 − 予定納税額

第6章

　以上のようにして計算した結果、納付すべき税額があれば、その年の翌年の2月16日から3月15日までの間に納付しなければならない。また、死亡または出国の場合の確定申告によって納付すべき税額は、これらの場合の確定申告期限までに納付しなければならない。

　なお、納めるべき税金がマイナスになる者は、確定申告をすることによって、税務署から還付を受けることができる。

❸ 延納

　確定申告により納付すべき税額の**2分の1以上**を**3月15日**までに納付すれば、残額は**5月31日**まで延納が認められる。ただし、延納期間に応じて年7.3%の割合（特例基準割合が7.3%に満たない場合には、特例基準割合）で計算した利子税がかかる。

　また、山林所得または譲渡所得のもととなる資産を、延払条件付きで譲渡した場合で一定の要件を満たすときは、税務署長の許可を得て、5年以内の延納ができる。

例　題

Q:

　以下の資料によるAさんの2024年分の納付すべき所得税額はいくらになるか。

〈資料〉

1．Aさんは以前より物品販売業を営んでおり、2024年の収支は次のとおりである。なお、青色申告の承認は受けていない。
　・売上高：4,700万円、売上原価：2,700万円、営業費：500万円
2．Aさんはアパートを1棟貸し付けており、2024年の収支は次のとおりである。
　・総収入金額：120万円、必要経費：40万円
3．Aさんは甲社の役員をしていたが、2024年3月末日をもって退職した。2024年分の報酬等の受給状況は次のとおりである。
　・役員給与：90万円（受給総額であり、ここから源泉所得税額2万円が差し引かれている）
　・退職手当：440万円（受給総額であり、ここから源泉所得税額89万8,480円が差し引かれている。なお、勤務期間は6年である）
4．2024年中に受け取った配当金は次のとおりである。
　・剰余金の配当：30万円（上場株式等の配当で、ここから源泉所得税額4万5,945円が差し引かれている。なお、申告不要を選択する）

5．Aさんの2024年分の所得控除額の合計額は215万円である。

〈第1段階〉各種所得の金額の計算

(1) 事業所得の金額

$$\underset{\text{売上高}}{4,700万円}-(\underset{\text{売上原価}}{2,700万円}+\underset{\text{営業費}}{500万円})=1,500万円$$

(2) 不動産所得の金額

$$\underset{\text{総収入金額}}{120万円}-\underset{\text{必要経費}}{40万円}=80万円$$

(3) 給与所得の金額

$$\underset{\text{役員報酬給与所得控除額}}{90万円-55万円}=35万円$$

(4) 退職所得の金額

$$\{\underset{\text{退職手当}}{440万円}-(\underset{\text{退職所得控除額}}{40万円\times6年})\}\times\frac{1}{2}=100万円$$

(5) 配当所得の金額

　申告不要を選択しており、源泉徴収をもって課税関係は終了している。

〈第2段階〉課税標準の計算

(1) 総合課税されるもの

$$\underset{\text{事業所得}}{1,500万円}+\underset{\text{不動産所得}}{80万円}+\underset{\text{給与所得}}{35万円}=\underset{\text{総所得金額}}{1,615万円}$$

(2) 分離課税されるもの

$$\underset{\text{退職所得金額}}{100万円}$$

〈第3段階〉課税所得金額の計算

(1) 総合課税されるもの

$$\underset{\text{総所得金額}}{1,615万円}-\underset{\text{所得控除額}}{215万円}=\underset{\text{課税総所得金額}}{1,400万円}$$

(2) 分離課税されるもの

$$\underset{\text{課税退職所得金額}}{100万円}$$

〈第4段階〉税額計算

(1) 算出税額

① 総合課税

$$\underset{\text{課税総所得金額}}{1,400万円}\times\underset{\text{超過累進税率}}{33\%}-153万6,000円=308万4,000円$$

② 分離課税

$$\underset{\text{課税退職所得金額}}{100万円}\times\underset{\text{超過累進税率}}{5\%}=5万円$$

第6章

③ 合計

308万4,000円＋5万円＝313万4,000円

④ 復興特別所得税

313万4,000円×2.1%＝6万5,814円

⑤ ③＋④＝319万9,814円

(2) 源泉徴収税額

$\underset{\text{役員報酬}}{2万円}＋\underset{\text{退職手当}}{89万8,480円}＝91万8,480円$

(3) 納付すべき税額

319万9,814円－91万8,480円＝228万1,334円→228万1,300円（百円未満切捨て）

第7章

個人住民税と
個人事業税

第 1 節

個人住民税

❶ 個人住民税の基本事項

　地方税である道府県民税（都民税を含む）と市町村民税（特別区民税を含む）とを合わせて、一般に「住民税」という。住民税は、個人住民税と法人住民税とに区分され、さらに課税の基準によって、**均等割額**と**所得割額**（個人の納税者）または**法人税割額**（法人の納税者）とに分けられる。このほか、**利子割額**、**配当割額**、**株式等譲渡所得割額**がある。

　本項では、個人住民税について解説する。

（1）納税義務者

　納税義務者は、都道府県や市（区）町村の住民であるが、具体的には〔図表7−1〕のとおりである。ただし、経済的・社会政策的見地から、以下に該当する者には住民税の非課税措置がある。

① 　生活保護法の規定により生活扶助を受けている者。

② 　障害者、未成年者、寡婦または寡夫で前年の合計所得金額が**135万円以下**の者。

〔図表7−1〕住民税の納税義務者

〈納税義務者〉	〈納税額の種類〉
都道府県内または市町村内に住所を有する者	均等割額と所得割額との合算額
事務所、事業所または家屋敷を有する者で、その事務所、事業所または家屋敷の所在する都道府県内または市町村内に住所を有しない者	均等割額

（※）都道府県内または市町村内に住所や事務所等を有するかどうかは、その年の1月1日現在の状況で判定される。

③　前年の合計所得金額が45万円（控除対象配偶者または扶養親族がいる場合には、「35万円×（控除対象配偶者および扶養親族の合計人数）＋42万円」の金額）以下の者には、所得割は課されない。

④　均等割額のみの納税義務者のうち、前年の合計所得金額が市町村の条例で定める金額以下である者には均等割額は課されない。

なお、2021年度分以後の個人住民税より、児童扶養手当の支給を受けている児童の父または母のうち、現に婚姻をしていない者または配偶者の生死が明らかでない者（これらの者の前年の合計所得金額が135万円を超える場合を除く）は、個人住民税の非課税措置の対象とされる。

(2) 賦課期日

住民税の賦課期日は、その年の1月1日とされる。すなわち、住民税はその年の1月1日現在で住所を有する者に対して前年の所得を基に計算された税額（所得割）と、所得にかかわらず定額で計算された税額（均等割）をその年度に支払うことになる。したがって、前年中に多額の所得があったり、不動産の売却による所得が発生していても、前年中に亡くなったり海外へ移住したりして、1月1日に住所を国内に有しない者は、その年度の住民税は課されない。

❷ 住民税の計算

住民税の税額の計算は、道府県民税と市町村民税のそれぞれについて、均等割と所得割に区分される。このほか、預貯金の利子等に課税される利子割がある。

〔図表7－2〕均等割額（年額）

均等割	標準税率	2024年度
個人住民税	4,000円	4,000円
道府県民税	1,000円	1,000円
市町村民税	3,000円	3,000円

（※）標準税率を基として、各都道府県・市区町村の条例により均等割の税率が定められている。

（※）2024年度から森林環境税（国税）が併せて徴収される。

(1) 均等割額

住民税の均等割額の標準税率は、年額4,000円（道府県民税年額1,000円、市町村民税年額3,000円）である〔**図表7－2**〕。

(2) 所得割額

住民税の所得割額は、退職所得に対する分離課税に係るものを除き、前年の所得金額を基礎として計算されるが、その順序は次のとおりである。

$$
\boxed{\begin{array}{c}前年中の\\所得金額\end{array}} - \boxed{\begin{array}{c}所得控除\\額\end{array}} = \boxed{\begin{array}{c}課税所得\\金額\end{array}} \times \boxed{税率} - \boxed{税額控除} = \boxed{所得割額}
$$

これらの計算方法は、所得税における取扱いとほぼ同様であるが、所得税とは異なる点もある。

(3) 利子割額

利子等については**5％の税率**で道府県民税利子割額が課税される。課税対象となる利子等は、預貯金の利子などの所得税において分離課税の対象とされる利子等であるが、所得税法、租税特別措置法の規定により、非課税とされる母子家庭、障害者等に係る利子等（いわゆる「マル優」等）は除かれる。

その徴収は、特別徴収義務者として指定された利子等の支払またはその取扱いをする者がその利子等の支払の際に特別徴収する。

なお、特定公社債等の利子については、利子割の課税対象から除外されて配当割の課税対象となっている。加えて、法人に対する利子割が廃止されている。

(4) 配当割額

支払を受ける一定の上場株式等の配当等について、道府県民税配当割額が課税される。その徴収は、特別徴収義務者として指定された配当等の支払をする者がその配当等の支払をする際に特別徴収する。

① 「一定の上場株式等の配当等」とは、上場株式等の配当等でその発行法人の発行済株式総数等の3％以上を所有する大口株主以外の者が支払を受けるものや、公募株式投資信託の収益の分配金、特定投資法人の投資口に係る配当、特定公社債等の利子等である。

② ①の配当等は、5％の税率で配当割が課税される。

③ 「一定の上場株式等の配当等」については、所得割の課税標準から除外され申告不要

となるが、申告により所得割の課税標準に含めて総合課税を選択することもできる。申告をした場合には、算出された所得割額（配当控除の適用も受けられる）から、この配当割額相当額が控除される。また、申告分離課税を選択することもできる。

（5）株式等譲渡所得割額

源泉徴収選択口座内の上場株式等および特定公社債等の譲渡による所得について、道府県民税株式等譲渡所得割額が課税される。その徴収は、特別徴収義務として指定された金融商品取引業者等で当該譲渡の対価等の支払をする者がその譲渡の対価等の支払をする際に特別徴収する。

① 5％の税率が適用される。
② この適用を受ける上場株式等および特定公社債等の譲渡所得については、所得割の課税標準から除外され**申告不要**となる。しかし、納税者が申告分離課税を選択して申告した場合は、株式等の譲渡に係る分離課税により算出された所得割額を含めた所得割額からこの譲渡所得割額相当額が控除される。この場合、他の株式の譲渡損失との通算等が可能となる。

❸ 所得税計算との相違

（1）所得金額の計算

所得割額の課税対象となる各種所得金額の計算は、原則として所得税法などの計算の例によることとされているが、所得税におけるものと異なる点もあり、注意が必要である。たとえば、住民税においては、損失の繰戻還付はなく、すべて繰越控除の方法（期間は原則として3年）による。

（2）所得控除

個人住民税は、地域社会の費用を住民がその能力に応じて広く負担を分担するという性格を有していることから課税最低限は所得税より低くなっており、所得控除額が異なるものがある〔図表7-3〕。

〔図表7－3〕 住民税の所得控除額

種　　　類	所得控除額		
雑 損 控 除	所得税と同じ(※)		
医 療 費 控 除	所得税と同じ(※)		
社会保険料控除	所得税と同じ		
小規模企業共済等掛金控除	所得税と同じ		
生命保険料控除	①2011年12月31日以前契約分(旧契約)		
	支払保険料		控除額
	1万5,000円以下		支払保険料の全額
	1万5,000円超	4万円以下	支払保険料×$\frac{1}{2}$+7,500円
	4万円超	7万円以下	支払保険料×$\frac{1}{4}$+1万7,500円
	7万円超		3万5,000円
	控除額は、一般の生命保険料と個人年金保険料のそれぞれについて、上記により計算した金額である(最高7万円)		
	②2012年1月1日以後契約分(新契約)		
	支払保険料		控除額
	1万2,000円以下		支払保険料の全額
	1万2,000円超	3万2,000円以下	支払保険料×$\frac{1}{2}$+6,000円
	3万2,000円超	5万6,000円以下	支払保険料×$\frac{1}{4}$+1万4,000円
	5万6,000円超		一律2万8,000円
	一般の生命保険料、個人年金保険料、介護医療保険料のそれぞれについて最高2万8,000円(合計で7万円が限度)の控除額である		
地震保険料控除	地震保険料等の金額×$\frac{1}{2}$(最高2万5,000円)		
	経過措置として、2006年12月31日までに締結した長期損害保険契約等(地震保険料控除の適用を受けるものを除く)については、2008年度分以後、地震保険料控除の対象となる(下記参照、最高1万円)。ただし、地震保険料控除と合わせて2万5,000円が限度となる		
地震保険料控除(旧長期損害保険契約等)	支払保険料		控除額
	5,000円以下		支払保険料の全額
	5,000円超	1万5,000円以下	支払保険料×$\frac{1}{2}$+2,500円
	1万5,000円超		1万円
障 害 者 控 除	障害者1人につき　　　　　　　　　　　　26万円 特別障害者1人につき　　　　　　　　　　30万円 同居特別障害者1人につき　　　　　　　　53万円		

寡 婦 控 除ひとり親控除	区分	要件		控除金額
		離婚・死別	扶養親族	
	寡 婦 控 除	離婚	子以外	26万円
		死別(生死不明含む)	要件なし	26万円
	ひとり親控除	要件なし(未婚・離婚・死別)	子	30万円
勤労学生控除				26万円

配偶者控除	控除対象配偶者の区分	納税者本人の合計所得金額		
		900万円以下	900万円超 950万円以下	950万円超 1,000万円以下
	一般の控除対象配偶者	33万円	22万円	11万円
	老人控除対象配偶者	38万円	26万円	13万円

配偶者特別控除	配偶者の合計所得金額		納税者本人の合計所得金額		
			900万円以下	900万円超 950万円以下	950万円超 1,000万円以下
	48万円超	100万円以下	33万円	22万円	11万円
	100万円超	105万円以下	31万円	21万円	11万円
	105万円超	110万円以下	26万円	18万円	9万円
	110万円超	115万円以下	21万円	14万円	7万円
	115万円超	120万円以下	16万円	11万円	6万円
	120万円超	125万円以下	11万円	8万円	4万円
	125万円超	130万円以下	6万円	4万円	2万円
	130万円超	133万円以下	3万円	2万円	1万円
	133万円超		控除なし		

扶養控除	一般扶養親族 特定扶養親族 一般扶養親族	16歳以上 19歳未満 19歳以上 23歳未満 23歳以上 70歳未満	33万円 45万円 33万円
	老人扶養親族	70歳以上 同居老親等以外の者 同居老親等	38万円 45万円

基礎控除	合計所得金額		控除額
		2,400万円以下	43万円
	2,400万円超	2,450万円以下	29万円
	2,450万円超	2,500万円以下	15万円

（※）　計算方法は所得税と同じであるが、総所得金額等の合計額は所得税と住民税で異なることがあり、その結果、控除額が異なることがある。

（3）税率

　住民税（所得割額）の標準税率は、道府県民税4％と市町村民税6％とされており、合算で10％である。なお、政令指定都市は、道府県民税2％と市町村民税8％とされる。

住民税の所得割額

課税所得金額×10％
（※1）　課税所得金額に1,000円未満の端数があるとき、またはその全額が1,000円未満であるときは、その端数金額またはその全額を切り捨てる。
（※2）　税額控除後の納付すべき税額に100円未満の端数があるとき、またはその全額が100円未満であるときは、その端数金額またはその全額を切り捨てる。

第7章

　なお、所得税と住民税の人的控除の差に基づく負担増を調整するため、住民税の所得割額から次の金額を減額する措置が講じられている。

住民税の課税所得金額が200万円以下の者

$$\left.\begin{array}{l} ① \quad 人的控除額の差の合計額 \\ ② \quad 住民税の課税所得金額 \end{array}\right\} × 5\%$$

　①、②のいずれか低いほうの金額

---

❹ 税額控除

　住民税の税額控除には、配当控除、外国税額控除、寄附金税額控除がある。また、所得税から控除しきれない住宅借入金等特別控除の一定額が所得割額から控除される。

(1) 配当控除

　所得割の納税義務者の前年の総所得金額のうちに総合課税となる配当所得（剰余金の配当、利益の配当、剰余金の分配または証券投資信託の収益の分配）があるときは、所得税と同様に、一定の算式により計算した金額が所得割額から控除される。

　ただし、配当控除額の計算上の控除率は、所得税と異なり、〔図表7－4〕のとおりである（都道府県民税の配当控除率と市町村民税の配当控除率の合算）。

(2) 外国税額控除

　同一所得に対する国際間の二重課税を排除する目的から、所得割の納税義務者が外国所得税を課された場合、外国所得税額のうち所得税の控除限度額を超える部分の一定額が所得割額から控除される。

〔図表7－4〕住民税の配当控除

課税所得	控除率
1,000万円以下の場合	2.8%
1,000万円超の場合 （ 1,000万円以下の部分 （ 1,000万円超の部分	2.8% 1.4%

（※）計算式は所得税と同じ。

(3) 寄附金税額控除

寄附金税額控除の適用対象となる寄附金、控除額等は次のとおりである。

① 対象となる寄附金

a. 都道府県、市区町村に対する寄附金

b. 納税義務者の住所地所在の都道府県共同募金会および日本赤十字社支部に対する寄附金

c. 地域における住民の福祉の増進に寄与するものとして都道府県または市区町村の条例により指定されたもの

② 控除額

寄附金税額控除額として所得割額から控除される金額は、次の算式により計算する。

寄附金税額控除額

$$\left\{ \begin{array}{l} ① \quad \text{控除対象寄附金の額} \\ ② \quad \text{総所得金額等の合計額} \times 30\% \end{array} \right\} - 2{,}000\text{円} \Big\} \times 10\% \quad (※)$$

①、②のいずれか低いほうの金額

（※）道府県民税4％（政令指定都市は2％）、市町村民税6％（政令指定都市は8％）

③ ふるさと納税

都道府県、市区町村（地方公共団体）に対する寄附金（ふるさと納税）が2,000円を超える場合は、上記②の控除額に、その超える金額の一定割合を加算した金額を、寄附金控除額として所得割額から控除することができる。

したがって、地方公共団体に対する寄附金のうち、2,000円を超える部分の金額については、総所得金額等の合計額の30％を限度として、所得税と合わせて全額を控除できる。

なお、2016年4月1日以後に行う寄附からは、給与所得者などの確定申告が不要な者に限り、寄附が2,000円を超え、寄附をする地方公共団体の数が**5つ**までであれば、「**寄附金税額控除に係る申告特例申請書**」を寄附先の地方公共団体へ提出することにより、確定申告をすることなく、寄附を行った翌年度分の個人住民税の控除を受けることができる（**ふるさと納税ワンストップ特例制度**）。

また、2019年度税制改正により、2019年6月1日以降に支出される寄附金について、総務大臣がふるさと納税の対象となる自治体を指定する制度が導入されている。具体的には、返礼品について「返礼割合は3割以下」かつ「地場産品」とする基準が設けられ、この基準に適合しない自治体は、総務大臣から指定を取り消されることとなる。

第7章

ふるさと寄附金の控除額

控除額＝（A）＋（B）（Bの額については所得割額の20％が限度）
　（A）＝（地方公共団体に対する寄附金－2,000円）×10％
　（B）＝（地方公共団体に対する寄附金－2,000円）×（90％－所得税の限界税率）

（※）　所得税の限界税率は、課税所得金額に応じた下記の割合となる。なお、2013～2037年までは、復興特別所得税を加算した率となる。

課税所得金額		限界税率
	195万円以下	5 %
195万円超	330万円以下	10%
330万円超	695万円以下	20%
695万円超	900万円以下	23%
900万円超	1,800万円以下	33%
1,800万円超	4,000万円以下	40%
4,000万円超		45%

例　題

Q:

課税所得が500万円（所得税の限界税率20％）のAさんが2024年6月に地方公共団体に5万円の寄附をした場合、2025年度分の個人住民税における税額控除の額はいくらになるか。なお、復興特別所得税は考慮しないこととする。

A:

500万円×30％＝150万円≧5万円　∴5万円
① （5万円－2,000円）×10％＝4,800円
② （5万円－2,000円）×（90％－20％）＝3万3,600円
　（ただし、個人住民税所得割額の20％が限度）
③ 合計額3万8,400円
　所得税の計算においては、4万8,000円（5万円－2,000円）が所得控除され、結果として所得税が4万8,000円×20％＝9,600円軽減されている。したがって、所得税・住民税が合わせて3万8,400円＋9,600円＝4万8,000円控除されており、地方公共団体に対する寄附金5万円のうち、2,000円を超える部分の金額につい

て、全額控除されることになる。

（4）住宅借入金等特別控除

　2009年から2025年12月31日までの間に入居し、住宅借入金等特別控除（特例を含む）の適用を受けている者については、所得税額から引ききれない住宅借入金等特別控除額がある場合、市区町村長への申告をすることなく、その残額（課税総所得金額等の5％相当額、9万7,500円が上限）が翌年度分の住民税の所得割額から控除される。

（5）2024年度分における住民税額の特別控除

① 適用対象者・控除額

　2023年の合計所得が1,805万円以下（給与所得の場合は原則年収2,000万円以下）の納税義務者は、2024年度分[※1]の個人住民税所得割の額から特別控除額[※2]が控除される。

　（※1）前年合計所得金額が1,000万円以下の納税義務者（本人）と生計を一にする配偶者で前年合計所得金額が48万円以下の居住者（以下「控除対象配偶者」）を除く同一生計配偶者に対応するものについては、2025年度所得割の額から控除する。この場合は下記②において2024年を2025年、2025年を2026年と読み替える。

　（※2）本人は1万円。控除対象配偶者、および住民税の納税義務者の親族等でその納税義務者と生計を一にする者のうち前年の合計所得金額が48万円以下である居住者は1人につき1万円。本人の所得割の額が上限。

② 特別控除の実施方法

ａ．給与所得に係る特別徴収の場合

　2024年6月の給与支給時には特別徴収は行わず、特別控除額を控除した後の個人住民税の額の11分の1の額を、2024年7月から2025年5月まで、それぞれ給与を支給する際毎月徴収する。

ｂ．公的年金等に係る所得に係る特別徴収の場合

　2024年10月1日以後最初に支払を受ける公的年金等の特別徴収税額から特別控除額が控除される。控除しきれない場合は次の支払い分以降順次控除される。

ｃ．普通徴収の場合

　2024年度分の個人住民税に係る第1期分の納付額から特別控除額が控除される。控除しきれない場合は第2期分から順次控除される。

第7章

❺ 退職所得に係る課税の特例

　退職所得については、他の所得と異なり、退職により所得の生じた年に課税する現年分離課税主義となっている。退職所得の金額は所得税法に規定する計算の例によって算出する。税率は都道府県民税 4 ％、市区町村民税 6 ％で合わせて10％となっており、特別徴収義務者が、退職手当等の支払の際に、その退職手当等から特別徴収する。

退職所得に係る所得割額

　退職所得の金額×10％
　　（※ 1 ）　退職所得の金額に、1,000円未満の端数がある場合は、1,000円未満の金額を切り捨てる。
　　（※ 2 ）　特別徴収すべき税額に、100円未満の端数がある場合は、それぞれ100円単位未満の端数を切り捨てる。

❻ 申告と徴収

（1）申告

　所得税は、納税者自身が税額を計算して納付する（**申告納税**制度）が、**住民税**は、最初から市町村が税額を確定させる方法（**賦課決定**）が採用されている。これを**賦課課税**という。

　しかし、市町村が適正な所得金額や税額の計算ができるように、住民税についても納税者に申告義務を課している。また、市町村内に住所を有する者で、以下に該当する者は、住民税の申告が不要である。

①　前年中に所得がなかった者

②　前年中の所得が給与所得だけの者

③　前年中の所得が市町村の条例で定める金額以下の者

④　所得税の確定申告書を提出した者

　なお、給与所得者の場合、給与所得以外の所得が20万円以下であれば、所得税の申告は不要であるが、住民税では、それらの所得も給与所得と合わせて申告する必要がある。

〔図表7－5〕普通徴収と特別徴収の方法

区　分	具体的方法
普通徴収 (特別徴収に よる場合以外)	① 市町村は、住民税の申告等に基づき税額を計算し、それを納税者に納付通知書により通知する。 ② 納税者は、年税額を4等分して、通常6月、8月、10月、1月の4期に分けて納付する。
特別徴収	① 給与の支払者は、市町村へ給与支払報告書を1月31日までに提出する。 ② 市町村は税額を計算して、特別徴収税額通知書を給与の支払者に通知する。 ③ 給与の支払者は、この通知に基づき、6月から翌年5月までの12回に分けて、毎月給与の支払の際に徴収し、納付する。

(2) 徴収

住民税の徴収方法には、普通徴収と特別徴収がある〔図表7－5〕。

賦課された個人住民税の額は、一般的には、給与所得者および公的年金等所得者は特別徴収の方法により、それ以外の者は普通徴収の方法により徴収される。

住民税を納付する前に死亡した場合は、その未納付分は、原則としてその相続人が納税することになる。

実務上のポイント

- 「ふるさと納税ワンストップ特例制度」の適用を受けるためには、寄附先の自治体へ「寄附金税額控除に係る申告特例申請書」を提出する必要がある。
- 同一年中に寄附をする自治体の数が5つを超える場合、「ふるさと納税ワンストップ特例制度」の適用を受けることはできない。
- 「ふるさと納税ワンストップ特例制度」の適用を受けると、確定申告をすることなく、寄附を行った翌年度分の個人住民税の控除を受けることができる。
- ふるさと納税の特例控除は、2019年6月1日以降に支出される寄附金から、返礼品について総務大臣の定める一定の基準に適合した自治体への寄附のみが適用対象となっている。

第2節

個人事業税

❶ 事業税と納税義務者

　事業税は、当該地域の地方公共団体のサービスに対する相応の負担として課される税金である。事業税は、所得税や住民税とは異なり、事業そのものに対して課税する税金であるから、事業以外から生ずる所得については課税されない。また、個人的な扶養控除のような所得控除も認められていない。

　事業税の納税義務者は、法人（法人事業税）と個人（個人事業税）がある。個人事業税についてだけみてみると、第1種事業（いわゆる営業に属するもの）、第2種事業（いわゆる第1次産業に属するもの）、第3種事業（いわゆる自由業に属するもの）を営む個人が納税義務者となる。

　なお、公共性を有する事業など特定のもの（農業、林業、鉱物の採掘事業など）については事業税は**非課税**とされる。

❷ 所得の計算と税額

(1) 所得の計算（課税標準）

　個人事業税の課税標準は、その年度の初日（4月1日）の属する年の前年の所得（**不動産所得と事業所得**）である。不動産所得と事業所得の算出方法は、原則として所得税法の不動産所得と事業所得の方法による。

　なお、不動産所得については、その貸付規模が、原則として〔図表7-6〕のものである場合には、事業税は課税されない（所得税法における不動産所得の事業的規模の判定基準とは異なる）。

〔図表7－6〕事業税が課せられない貸付規模

内容	貸付規模
アパート・貸間等の貸付	一戸建は10棟未満、一戸建以外は10室未満
事務所・店舗等の貸付	独立家屋は5棟未満、独立家屋以外は10室未満
住宅用土地の貸付	貸付契約件数が10件未満かつ貸付面積が2,000㎡未満
住宅用土地以外の土地貸付	貸付契約件数が10件未満
上記4つを合わせた貸付	棟数、室数、貸付契約件数の合計が10件未満
駐車場業	駐車可能台数が10台未満であり、かつ、建築物である駐車場または機械設備を設けた駐車場でない場合

（※1）ただし、土地を除く貸付不動産の総床面積が600㎡以上であり、かつ、これに係る賃貸料収入金額が1,000万円以上の場合など、事業税が課せられる場合がある。
（※2）この基準は所得税法における不動産所得の事業的規模の判定基準とは異なっている。

（2）各種控除

　事業税の課税標準は、個人の事業の所得である。課税にあたっては、負担の公平などの見地から、事業の所得から〔図表7－7〕に示す各種控除を行い、その残りの所得に対して税率を乗じて税額を算出する。

〔図表7－7〕事業税の各種控除

種類	控除の内容
損失の繰越控除	所得税と同様に、損失は青色申告者に限り、最長3年間繰越控除できる。ただし、純損失の繰戻しの制度がないため、所得税で繰戻しを受けたものでも、事業税では繰越控除を受けることになる
被災事業用資産の損失の繰越控除	所得税の場合と同様
事業用資産の譲渡損失の控除	一定の事業用資産を事業の用に供しなくなった日の翌日から1年以内に譲渡したことによる損失の金額は、その個人の事業の所得の計算上、控除される
事業用資産の譲渡損失の繰越控除	前年以前3年間における一定の事業用資産の譲渡損失で、前年以前に控除されなかった部分の金額は、原則として事業の所得の計算上、控除される
事業主控除	事業の所得の計算上、290万円の事業主控除が認められる。ただし、事業を行った期間が1年未満のときは、次の金額が控除される $290万円 \times \dfrac{事業を行った月数（1月未満の端数は1月とする）}{12}$

第7章

（3）税額の計算

事業税の税額は、以下のように算出する。事業税の標準税率は〔図表7－8〕のとおりである。

個人事業税の税額

・総収入金額－必要経費＝事業所得および不動産所得
・事業所得および不動産所得－各種の控除＝事業の所得
・事業の所得×税率＝事業税額

（※1） **青色申告特別控除制度**は、事業税における事業所得および不動産所得の計算上、**適用されない。**

（※2） 事業税では、不動産所得の赤字のうち、土地等を取得するための負債の利子相当部分についても損益通算の対象となる。

〔図表7－8〕事業税の標準税率

	事業の区分	税 率
①	第1種事業（商工業などの事業）	$\frac{5}{100}$
②	第2種事業（畜産、水産業などの事業。畜産業については農業に付随して行うものを除く）	$\frac{4}{100}$
③	第3種事業（自由業、④の事業を除く）	$\frac{5}{100}$
④	第3種事業のうち、あん摩、マッサージ、指圧、はり、きゅう、柔道整復、その他の医業に類する事業、装蹄師業	$\frac{3}{100}$

（※1）所得金額に1,000円未満の端数があるとき、またはその全額が1,000円未満であるときは、その端数金額またはその全額を切り捨てる。

（※2）税額に100円未満の端数があるとき、またはその全額が100円未満であるときは、その端数金額またはその全額を切り捨てる。

（※3）事業内容により税率が異なるのは、担税力を考慮したためである。

（※4）事業税の制限税率は標準税率の1.1倍。

❸ 申告と徴収

（1）申告

　個人事業税は、原則としてその個人の事務所・事業所所在地の都道府県において課税される。事業税の申告を必要とする者、または申告を必要としない者は、〔図表 7 － 9〕のとおりである。また、事業税の税額の計算にあたっては、事業主控除として所得から290万円（営業期間が 1 年未満の場合は月割額）控除できる。

　なお、個人事業税の申告義務のある者でも、前年分の所得について所得税の確定申告書を提出した場合や、個人の住民税の申告書を提出した場合には、これらの申告書の提出日に個人事業税の申告があったものとみなされ、改めて事業税の申告をする必要はない。

（2）徴収

　個人事業税の税額は、すべて普通徴収の方法により徴収される。

① 納税者への通知

　都道府県は事業税の申告書等に基づき税額を計算し、納期限の10日前までには納税者に納税通知書により通知する。

② 納税者の納付

　納税者は、納税通知書により、そこに記載された納期（通常、 8 月末と11月末）までに納付する（個人事業税においては予定納税の制度はない）。

〔図表 7 － 9〕事業税の申告の要否

第 7 章

実務上のポイント

- 個人事業税は、原則として、前年に不動産所得または事業所得がある個人に対して課税される。
- 個人事業税における所得の金額の計算上生じた損失の金額は、最長 3 年間にわたって繰り越すことができる。
- 個人事業税には、青色申告特別控除は適用されない。
- 個人事業税の計算では、事業主控除として最大290万円を控除することができる。
- 個人事業税の納税義務者は、都道府県から通知される納税通知書により、通常 8 月と11月の年 2 回納付を行う。

巻末資料

《2024年度税制改正・新旧対照表》

個人所得課税							
	税目	項目	改正前	改正後			適用時期
1	所得税・個人住民税	定額減税	新設（一時的な措置）	**(1)所得税**			所得税 2024年分 個人住民税 2024年度分
				減税内容	2024年分の所得税について、居住者の所得税額から特別控除の額を控除する（その者の所得税額を限度）		
				所得制限	2024年分の合計所得金額1805万円以下		
				特別控除額	本人	3万円	
					同一生計配偶者または扶養親族（居住者に限る）	1人につき3万円	
				実施方法	給与所得者	●2024年6月1日以後最初に支払を受ける給与等の源泉徴収税額から特別控除の額を控除する。 ●6月に控除しきれない金額は7月以降順次控除する。 ●2024年分の年末調整で年税額から特別控除の額を控除する。	
					公的年金所得者	●2024年6月1日以後最初に支払を受ける公的年金等の源泉徴収税額から特別控除の額を控除する。 ●6月に控除しきれない金額は8月以降順次控除する。 ●2024年分の確定申告で年税額から特別控除の額を控除する。	
					事業所得者等	●第1期分予定納税額（7月）から本人分の特別控除の額（3万円）を控除する。 ●同一生計配偶者または扶養親族分の特別控除の額（1人につき3万円）は予定納税額の減額の承認の申請により控除を受けることができる。 ●第1期分予定納税額について、納期を7月1日から9月30日までとする。また、減額の承認申請期限を7月31日とする。 ●2024年分の確定申告で年税額から特別控除の額を控除する。	
				(2)個人住民税			
				減税内容	2024年度分の個人住民税について、納税義務者の所得割から特別控除の額を控除する（その者の所得割の額を限度）		
				所得制限	2024年度分の合計所得金額1805万円以下（従って、2023年分の合計所得金額）		
				特別控除額	本人	1万円	
					控除対象配偶者または扶養親族（国外居住者を除く）	1人につき1万円	
					控除対象配偶者を除く同一生計配偶者（国外居住者を除く）	2025年度分の所得割の額から1万円	
				実施方法	給与所得者	●2024年6月に給与の支払をする際は特別徴収をしない。 ●特別控除の額を控除した後の個人住民税の額の11分の1の額を2024年7月から2025年5月まで、給与を支給する際に毎月徴収する。	
					公的年金所得者	●2024年10月1日以後最初に支払を受ける公的年金等の特別徴収税額から特別控除の額を控除する。 ●10月に控除しきれない金額は12月以降、順次控除する。	
					事業所得者等	●第1期分（6月）の納付額から特別控除の額を控除する。 ●第1期分（6月）に控除しきれない金額は第2期分（8月）以降順次控除する。	

	税目	項目	改正前	改正後	適用時期
2		ストックオプション税制の拡充	〈税制適格ストックオプション〉 ①権利行使時 　課税されない（原則は、権利行使時の取得株式の時価と権利行使価格の差額である経済的利益に課税する）。株式譲渡時まで繰り延べる。 ②株式譲渡時 　売却価格−権利行使価格＝譲渡所得金額 〈主な要件〉 ①株式保管委託要件 　非上場段階で権利行使後、証券会社等に保管委託することが必要。 ②権利行使価額の限度額 　1200万円／年 ③発行会社 　ベンチャーキャピタル等から最初に出資を受ける時において、資本金の額5億円未満かつ従業員数900人以下の会社。 ④社外高度人材 　一定の要件を満たした社外高度人材が対象。	〈主な要件〉 ①株式保管委託要件 　新たな株式管理スキームを創設し、発行会社による株式の管理も可能とする。 ②権利行使価額の限度額 　● 設立5年未満の会社：2400万円／年 　● 設立5年以上20年未満の会社 　（注）：3600万円／年 （注）非上場または上場後5年未満の上場企業 ③発行会社 　資本金要件および従業員数要件を廃止する。 ④社外高度人材 　新たに、非上場企業の役員経験者等を追加し、国家資格保有者等に求めていた3年以上の実務経験の要件を撤廃するなど、対象を拡大する	―
3	所得税	エンジェル税制の拡充	(1)投資段階 ①譲渡所得の特例 　対象企業への投資額全額を、その年の株式譲渡所得金額から控除し、課税の繰延（譲渡時に取得価額の調整あり）。 　※控除対象となる投資額の上限なし ②寄付金控除 　（対象企業への投資額−2000円）を、その年の総所得金額から控除し、課税の繰延（譲渡時に取得価額の調整あり）。 　※控除対象となる投資額の上限は、総所得金額×40％と800万円のいずれか低い方 ③プレシード・シード特例 　対象企業への投資額全額を、その年の株式譲渡所得金額から控除し、非課税（年間20億円までは非課税）。 (2)譲渡段階 ①取得価額の調整 　上記(1)①または②の特例により控除した金額は、株式の取得価額から差し引き株式売却時に課税される（いわゆる課税の繰延）。 　┌─────────────────────┐ 　│特定株式の取得に要した金額の合計額−上記(1)①または②│ 　│の特例により控除した金額＝調整後の取得価額　　　　　│ 　└─────────────────────┘ ②譲渡損失 　未上場ベンチャー企業株式の売却により損失が生じたときは、その年の他の株式譲渡益からその損失額を控除可能。さらに控除しきれなかった損失額については、翌年以降3年間にわたって繰越控除が可能。 　※ベンチャー企業が上場しないまま、破産、解散等をして株式の価値がなくなった場合も同様。	● 一定の新株予約権の取得金額も対象に加える。 ● 信託を通じた投資を対象に加える。 ● 株式譲渡益を元手とする再投資期間の延長について、2025年度税制改正において、引き続き検討する（与党税制改正大綱に明記）。	―

	税目	項目	改正前	改正後	適用時期

4　所得税　子育て世帯等に対する住宅ローン控除の拡充

改正前：

			居住年	
			2024年	2025年
借入限度額	新築・買取再販	認定住宅	4500万円	
		ZEH水準省エネ住宅	3500万円	
		省エネ基準適合住宅	3000万円	
		その他の住宅	0円（2023年までの建築確認（新築）は2000万円）	
	既存住宅	認定住宅 ZEH水準省エネ住宅 省エネ基準適合住宅	3000万円	
		その他の住宅	2000万円	
控除率			0.7%	
控除期間		新築・買取再販	13年（2024年・2025年入居の「その他の住宅」は10年）	
		既存住宅	10年	
所得要件			合計所得金額2000万円以下	
床面積要件			50㎡以上 合計所得金額1000万円以下は40㎡以上（2023年までの建築確認（新築）に限る）	

改正後：子育て特例対象個人（本人もしくは配偶者が40歳未満の者または19歳未満の扶養親族を有する者）が認定住宅等の新築等をして2024年中に入居した場合には控除対象借入限度額を上乗せする。

			居住年	
			2024年	2025年
借入限度額	新築・買取再販	認定住宅	5000万円	4500万円
		ZEH水準省エネ住宅	4500万円	3500万円
		省エネ基準適合住宅	4000万円	3000万円
		その他の住宅	0円（2023年までの建築確認（新築）は2000万円）	
	既存住宅	認定住宅 ZEH水準省エネ住宅 省エネ基準適合住宅	3000万円	
		その他の住宅	2000万円	
控除率			0.7%	
控除期間		新築・買取再販	13年（2024年・2025年入居の「その他の住宅」は10年）	
		既存住宅	10年	
所得要件			合計所得金額2000万円以下	
床面積要件			50㎡以上 合計所得金額1000万円以下は40㎡以上（2024年までの建築確認（新築）に限る）	

適用時期：2024年1月1日から12月31日までの居住

5　所得税　子育て世帯等に対する住宅リフォーム税制の新設

改正前：2023年12月31日まで適用する。

	必須工事			その他工事		最大控除額
対象工事	対象工事	限度額控除対象	控除率	対象工事	限度額控除対象	
耐震		250万円	10%	必須工事の控除対象限度額超過分および必須工事に係る標準的な工事費用相当額と同額まで（※3）	5%	62.5万円
バリアフリー		200万円				60万円
省エネ		250万円（350万円※1）				62.5万円（67.5万円※1）
多世帯同居		250万円				62.5万円
長期優良住宅化	＋耐震or省エネ	250万円（350万円※1）				62.5万円（67.5万円※1）
	＋耐震＋省エネ	500万円（600万円※1）				75万円（80万円※1）

※1　太陽光発電を設置する場合
※2　最大控除対象限度額は必須工事と併せて1000万円が限度
※3　耐震改修を除き、合計所得金額が3000万円を超える場合は適用しない

改正後：子育て特例対象個人（本人もしくは配偶者が40歳未満の者または19歳未満の扶養親族を有する者）が行う一定の子育て対応改修工事(注)を対象工事に加える。
工事費用相当額（250万円を限度）の10%を税額控除する。
※その年分の合計所得金額が2000万円を超える場合は適用しない。
(注)子育て対応改修工事
①住宅内における子供の事故を防止するための工事
②対面式キッチンへの交換工事
③開口部の防犯性を高める工事
④収納設備を増設する工事
⑤開口部・界壁・床の防音性を高める工事
⑥間取り変更工事（一定のものに限る）

適用時期：2024年4月1日から12月31日までの居住

6　所得税　住宅リフォーム税制の延長等

改正後：
(1)耐震改修をした場合の所得税の特別控除の適用期限を2年（2025年12月31日まで）延長する。
(2)特定の改修工事（バリアフリー改修、省エネ改修、多世帯同居改修、長期優良住宅化改修）をした場合の所得税の特別控除について、合計所得金額要件を2000万円以下に引き下げた上、適用期限を2年（2025年12月31日まで）延長する。

適用時期：2024年1月1日から2025年12月31日まで

7　所得税・個人住民税　居住用財産の買換え等の場合の譲渡所得の課税の特例の延長

改正前：個人が所有期間10年超で譲渡資産の譲渡対価が1億円以下など、一定の要件に該当する居住用財産を譲渡し、一定の要件に該当する居住用財産に買い換えた場合に譲渡益を繰り延べる。
適用期限：2023年12月31日までの譲渡について適用する。

改正後：適用期限を2年（2025年12月31日まで）延長する。

適用時期：2025年12月31日までの譲渡

	税目	項目	改正前	改正後	適用時期
8	所得税・個人住民税	居住用財産の買換え等の場合の譲渡損失の繰越控除等の延長	(1)居住用財産の買換え等の場合の譲渡損失の損益通算および繰越控除制度 　個人が所有期間5年超など一定の要件に該当する居住用財産を譲渡し、一定の要件に該当する居住用財産に買い換えた場合は譲渡損を損益通算および繰越控除できる。 　適用期限：2023年12月31日までの譲渡について適用する。 (2)特定居住用財産の譲渡損失の損益通算および繰越控除制度 　個人が所有期間5年超など一定の要件に該当する居住用財産を譲渡した場合は譲渡損（一定の限度額まで）を損益通算および繰越控除できる。 　適用期限：2023年12月31日までの譲渡について適用する。	(1)居住用財産の買換え等の場合の譲渡損失の損益通算および繰越控除制度 　適用期限を2年（2025年12月31日まで）延長する。 (2)特定居住用財産の譲渡損失の損益通算および繰越控除制度 　適用期限を2年（2025年12月31日まで）延長する。	2025年12月31日までの譲渡
9		認定住宅の新築等に係る所得税額の特別控除の延長等	2023年12月31日までに居住の用に供した場合について適用する。 | 居住年	対象住宅	控除対象限度額	控除率
---	---	---	---
2022年1月～2023年12月	●認定住宅 ●ZEH水準省エネ住宅	650万円	10% | ※合計所得金額が3000万円を超える場合は適用しない	合計所得金額要件を2000万円以下に引き下げた上、適用期限を2年（2025年12月31日まで）延長する。	2024年1月1日から2025年12月31日までの居住
10	所得税	政治活動に関する寄付をした場合の寄付金控除（所得控除）または所得税の特別控除（税額控除）制度の延長	2024年12月31日までの期間において支出した政治活動に関する寄付金で一定のものについては、寄付金控除（所得控除）または所得税の特別控除（税額控除）の選択適用とする。	適用期限を5年（2029年12月31日まで）延長する。	2029年12月31日まで
11		法定調書の光ディスク等による提出義務基準の引き下げ	基準年（前々年）の提出枚数が100枚以上である法定調書については、光ディスク等またはe-Taxにより提出しなければならない。	提出義務基準を30枚以上に引き下げる。	2027年1月1日以後に提出すべき法定調書
12	国民健康保険税	国民健康保険税の見直し	(1)基礎課税額に係る課税限度額：65万円 (2)後期高齢者支援金等課税額に係る課税限度額：22万円 (3)介護納付金課税額に係る課税限度額：17万円 (4)減額の対象となる所得基準 　①5割軽減の対象となる世帯の軽減判定所得算定：被保険者の数×29万円 　②2割軽減の対象となる世帯の軽減判定所得算定：被保険者の数×53.5万円	(1)基礎課税額に係る課税限度額：65万円（改正なし） (2)後期高齢者支援金等課税額に係る課税限度額：24万円 (3)介護納付金課税額に係る課税限度額：17万円（改正なし） (4)減額の対象となる所得基準 　①5割軽減の対象となる世帯の軽減判定所得算定：被保険者の数×29.5万円 　②2割軽減の対象となる世帯の軽減判定所得算定：被保険者の数×54.5万円	―

資産課税					
	税目	項目	改正前	改正後	適用時期
1	固定資産税	土地に係る固定資産税の負担調整措置等の延長	(1)2021年度から2023年度までの負担調整措置 　　負担水準＝前年度課税標準額÷本年度評価額 　（住宅用地特例1／6、1／3） **商業地等** ・負担水準70％超：本年度評価額×70％ ・60％以上70％以下：前年度課税標準額と同額 ・60％未満：前年度課税標準額＋本年度評価額×5％ ※1　上限：本年度評価額×60％ ※2　下限：本年度評価額×20％ **住宅用地** ・100％以上：本年度評価額×100％ ・100％未満：前年度課税標準額＋本年度評価額×住宅用地特例（1／6、1／3）×5％ ※1　下限：本年度評価額×住宅用地特例（1／6、1／3）×20％ (2)2021年度から2023年度までの条例による減額制度 **商業地等**：課税標準額を評価額の70％まで引き下げる措置を地方公共団体の条例により、さらに80～70％の範囲で引き下げることができる。 **住宅用地、商業地等**：地方公共団体の条例の定めるところにより、前年度税額（前年度に条例減額制度が適用されている場合は、減額後の金額）に1.1以上で条例の定める割合を乗じて得た額を超える場合は、その超える額に相当する額を減額することができる。 (3)簡易な方法による価格の下落修正に関する特例措置 　　2022年度および2023年度の据置年度において地価が下落している場合に、簡易な方法により価格の下落修正ができる特例措置。	(1)2024年度から2026年度までの負担調整措置を継続する。 (2)2024年度から2026年度まで減額制度を継続する。 (3)2025年度および2026年度も特例措置を継続する。	2026年度まで
2	贈与税	住宅取得等資金に係る贈与税の非課税措置の延長等	適用期限：2023年12月31日までの贈与について適用する。 (1)非課税限度額 ・省エネ等住宅：1000万円 ・上記以外の住宅：500万円 (2)省エネ等住宅 　次のいずれかに該当すること。 ・断熱性能等級4以上または一次エネルギー消費量等級4以上 ・耐震等級2以上または免震建築物 ・高齢者等配慮対策等級3以上	下記の見直しを行った上、適用期限を3年（2026年12月31日まで）延長する。 (2)省エネ等住宅 　次のいずれかに該当すること。 ・断熱性能等級5以上かつ一次エネルギー消費量等級6以上 ・耐震等級2以上または免震建築物（改正なし） ・高齢者等配慮対策等級3以上（改正なし）	2024年1月1日以後の贈与
3		住宅取得等資金に係る相続時精算課税制度の特例の延長	特定の贈与者（親）の年齢要件をなしとする特例 　適用期限：2023年12月31日までの贈与について適用する。	適用期限を3年（2026年12月31日まで）延長する。	2026年12月31日まで
4	相続税・贈与税	個人事業用資産に係る相続税・贈与税の納税猶予制度の見直し	(1)概要 　　相続人等（受贈者）が、2019年1月1日から2028年12月31日までの間に、相続（贈与）により特定事業用資産を取得した場合は、担保の提供を条件に、その相続人等（受贈者）が納付すべき相続税額（贈与税額）のうち、相続（贈与）により取得した特定事業用資産の課税価格に対応する相続税（贈与税）の納税を猶予する。		2026年3月31日まで

	税目	項目	改正前	改正後	適用時期
4	相続税・贈与税	個人事業用資産に係る相続税・贈与税の納税猶予制度の見直し	(2)個人事業承継計画の提出 　認定経営革新等支援機関の指導および助言を受けて作成された特定事業用資産の承継前後の経営見通し等が記載された計画を、2019年4月1日から2024年3月31日までの間に都道府県に提出すること。	個人事業承継計画の提出期限を2年（2026年3月31日まで）延長する。	2026年3月31日まで
5		非上場株式等に係る相続税・贈与税の納税猶予の特例制度の見直し	(1)概要 　相続人等（受贈者）が、2018年1月1日から2027年12月31日までの間に、相続（贈与）により特例認定承継会社の株式を取得した場合は、担保の提供を条件に、その相続人等（受贈者）が納付すべき相続税額（贈与税額）のうち、相続（贈与）により取得した特例認定承継会社の株式の課税価格に対応する相続税（贈与税）の納税を猶予する。 (2)特例承継計画の提出 　認定経営革新等支援機関の指導および助言を受けて作成された特例認定承継会社の後継者、承継時までの経営見通し等が記載された計画を、2018年4月1日から2024年3月31日までの間に都道府県に提出すること。	特例承継計画の提出期限を2年（2026年3月31日まで）延長する。	2026年3月31日まで
6	登録免許税	登録免許税の軽減措置の延長	(1)住宅用家屋の所有権保存登記等に対する軽減措置 　①所有権の保存登記：0.15%（本則税率0.4%） 　②所有権の移転登記：0.3%（本則税率2.0%） 　③抵当権の設定登記：0.1%（本則税率0.4%） (2)特定認定長期優良住宅の所有権の保存登記等に対する軽減措置 　①所有権の保存登記：0.1%（本則税率0.4%） 　②所有権の移転登記：戸建て0.2%、マンション0.1%（本則税率2.0%） (3)認定低炭素住宅の所有権の保存登記等に対する軽減措置 　①所有権の保存登記：0.1%（本則税率0.4%） 　②所有権の移転登記：0.1%（本則税率2.0%） (4)特定の増改築等がされた住宅用家屋の所有権の移転登記に対する軽減措置 　0.1%（本則税率2.0%） (5)適用期限：全て2024年3月31日まで適用する。	全て適用期限を3年（2027年3月31日まで）延長する。	2027年3月31日まで
7	印紙税	不動産の譲渡に関する契約書等に係る印紙税の税率に関する特例措置の延長	2024年3月31日までの間に作成される不動産の譲渡に関する契約書および建設工事の請負に係る契約書に係る税率を以下のとおり軽減する。（下表）	適用期限を3年（2027年3月31日まで）延長する。	2027年3月31日まで

契約金額		本則	特例
不動産譲渡	建設工事の請負		
1万円以上10万円以下	1万円以上100万円以下	200円	200円
10万円超50万円以下	100万円超200万円以下	400円	200円
50万円超100万円以下	200万円超300万円以下	1000円	500円
100万円超500万円以下	300万円超500万円以下	2000円	1000円
500万円超	1000万円以下	1万円	5000円
1000万円超	5000万円以下	2万円	1万円
5000万円超	1億円以下	6万円	3万円
1億円超	5億円以下	10万円	6万円
5億円超	10億円以下	20万円	16万円
10億円超	50億円以下	40万円	32万円
50億円超		60万円	48万円

	税目	項目	改正前	改正後	適用時期
8	固定資産税	固定資産税の減額措置の延長	(1)新築住宅に係る減額措置（2分の1） 　3年度分（中高層耐火建築物（地上階数3以上のもの）は5年度分） (2)新築の認定長期優良住宅に係る減額措置（2分の1） 　5年度分（中高層耐火建築物（地上階数3以上のもの）は7年度分） (3)耐震改修を行った住宅に係る減額措置（2分の1） (4)バリアフリー改修を行った住宅に係る減額措置（3分の1） (5)省エネ改修を行った住宅に係る減額措置（3分の1） (6)適用期限：全て2024年3月31日までの新築または改修工事されたもの。	全て適用期限を2年（2026年3月31日まで）延長する。	2026年3月31日まで
9	不動産取得税	不動産取得税に関する特例措置の延長	(1)宅地評価土地の取得に係る課税標準の特例措置 　宅地評価土地の取得に係る不動産取得税の課税標準を価格の2分の1とする。 (2)標準税率の特例措置 　住宅（家屋）および土地の取得に係る不動産取得税の標準税率（本則4％）を3％とする。 (3)新築住宅特例適用住宅用土地に係る減額措置 　土地取得後の住宅新築までの経過年数要件を緩和（原則2年以内から3年以内（一定の場合は4年以内））する特例措置 (4)新築の認定長期優良住宅に係る課税標準の特例措置 　課税標準からの控除額を一般住宅特例より拡大し、1300万円とする。 (5)適用期限：全て2024年3月31日までに取得したもの。	左記(1)と(2)の適用期限を3年（2027年3月31日まで）延長する。 左記(3)と(4)の適用期限を2年（2026年3月31日まで）延長する。	(1)(2)は2027年3月31日まで (3)(4)は2026年3月31日まで

法人課税

	税目	項目	改正前	改正後	適用時期
1	法人税・所得税	給与等の支給額が増加した場合の税額控除制度の見直し（所得税も同様）	(1)大企業 （下表参照） (2)中堅企業（新設）	(1)大企業（注1） （下表参照） (2)中堅企業（注2） （下表参照）	2024年4月1日から2027年3月31日までに開始する事業年度

(1)大企業 — 改正前

継続雇用者給与等支給額（前年度比）	税額控除率	教育訓練費（前年度比）+20%	最大控除率
+3%	15%	5%	20%
+4%	25%		30%
−	−		−
−	−		−

(1)大企業（注1） — 改正後

継続雇用者給与等支給額（前年度比）	税額控除率（注5）	教育訓練費（注7）（前年度比）	税額控除率	子育て支援・女性活躍	税額控除率	最大控除率
+3%	10%	+10%	5%上乗せ	プラチナくるみん（注9）orプラチナえるぼし（注10）	5%上乗せ	20%
+4%	15%					25%
+5%	20%					30%
+7%	25%					35%

(2)中堅企業（注2） — 改正後

継続雇用者（注4）給与等支給額（前年度比）	税額控除率（注6）	教育訓練費（注7）（前年度比）	税額控除率	子育て支援・女性活躍	税額控除率	最大控除率
+3%	10%	+10%	5%上乗せ	プラチナくるみん（注9）orえるぼし3段階以上（注10）	5%上乗せ	20%
+4%	25%					35%

	税目	項目	改正前	改正後	適用時期
1	法人税・所得税	給与等の支給額が増加した場合の税額控除制度の見直し（所得税も同様）	（3)中小企業 ／ （4)適用期限：2024年3月31日までに開始する事業年度。	（3)中小企業(注3) ／ ※中小企業は、賃上げを実施した年度に控除しきれなかった金額を5年間繰越しできる(注8) ／ （4)適用期限：2024年4月1日から2027年3月31日までに開始する事業年度。	2024年4月1日から2027年3月31日までに開始する事業年度

改正前 （3)中小企業

全雇用者給与等支給額（前年度比）	税額控除率	教育訓練費（前年度比）+10%	最大控除率
+1.5%	15%	+10%	25%
+2.5%	30%		40%

改正後 （3)中小企業(注3)

全雇用者(注5)給与等支給額(注6)（前年度比）	税額控除率(注5)	教育訓練費(注7)（前年度比）	税額控除率	子育て支援・女性活躍	税額控除率	最大控除率
+1.5%	15%	+5%	10%上乗せ	くるみん(注9)orえるぼし2段階(注10)以上	5%上乗せ	30%
+2.5%	30%					45%

（注1）「資本金の額等10億円以上かつ従業員数1000人以上」または「従業員数2000人超」のいずれかに当てはまる企業は、マルチステークホルダー方針（賃上げ、教育訓練等の実施、取引先との適切な関係の構築等の方針を記載したもの）の公表およびその旨の届出を行うことが必要。それ以外の企業は不要。

（注2）従業員数2000人以下の企業（その法人およびその法人との間にその法人による支配関係がある法人の従業員数の合計が1万人を超えるものを除く）が適用できる。ただし、資本金の額等10億円以上かつ従業員数1000人以上の企業はマルチステークホルダー方針の公表およびその旨の届出を行うことが必要。

（注3）中小企業者等（資本金の額等1億円以下の法人、農業協同組合等）または従業員数1000人以下の個人事業主が適用できる。

（注4）継続雇用者とは、適用事業年度および前事業年度の全月分の給与等の支給を受けた国内雇用者（雇用保険の一般被保険者に限る。

（注5）全雇用者とは、雇用保険の一般被保険者に限られない全ての国内雇用者。

（注6）税額控除率の計算は、全雇用者の前事業年度から適用事業年度の給与等支給増加額に税額控除率を乗じて計算する。ただし、控除上限額は法人税額等の20%。

（注7）教育訓練費の上乗せ要件は、適用事業年度の教育訓練費の額が適用事業年度の全雇用者に対する給与等支給額の0.05%以上である場合に限り、適用できる。

（注8）繰越税額控除をする事業年度において、全雇用者の給与等支給額が前年度より増加している場合に限り適用できる。

（注9）次世代育成支援対策推進法に基づき、一般事業主行動計画を策定した企業のうち、計画に定めた目標を達成し、一定の基準を満たした企業は、申請を行うことによって「子育てサポート企業」として、厚生労働大臣の認定（くるみん認定）を受けることができる。

（注10）女性活躍推進法に基づき、一般事業主行動計画の策定・届出等を行った事業主のうち、女性の活躍推進に関する取り組みの実施状況が優良である等の一定の要件を満たした事業主は、申請により厚生労働大臣の認定（えるぼし認定）を受けることができる。

	税目	項目	改正前	改正後	適用時期
2	法人税・所得税	特定税額控除規定の不適用措置の延長等（所得税も同様）	収益が拡大しているにもかかわらず、賃上げや国内設備投資に消極的な大企業（下記①から③の全てを満たす大企業）について、特定税額控除(注)の規定を適用しないこととする。①所得金額：対前年度比で増加 ②継続雇用者の給与等支給額 ●大企業（下記以外）：対前年度以下 ●大企業（資本金の額等が10億円以上、かつ、常時使用従業員数が1000人以上で、前年度が黒字の場合）：対前年度増加率1％未満	次の見直しを行った上、適用期限を3年（2027年3月31日まで）延長する。 ①所得金額：対前年度比で増加（改正なし）②継続雇用者の給与等支給額 ●大企業（下記以外）：対前年度以下（改正なし）●大企業（資本金の額等が10億円以上、かつ、常時使用従業員数が1000人以上で、前年度が黒字の場合）：対前年度増加率1％未満（改正なし）●大企業（常時使用従業員数が2000人以上で、前年度が黒字の場合）：対前年度増加率1％未満	2024年4月1日から2027年3月31日までに開始する事業年度

	税目	項目	改正前	改正後	適用時期
2	法人税・所得税	特定税額控除規定の不適用措置の延長等（所得税も同様）	③国内設備投資額 当期の減価償却費の30％以下 （注）特定税額控除 　研究開発税制、地域未来投資促進税制、5G導入促進税制、DX投資促進税制、カーボンニュートラル投資促進税制 　適用期限：2024年3月31日までに開始する事業年度。	③国内設備投資額 ●当期の減価償却費の30％以下（改正なし） ●大企業（資本金の額等が10億円以上、かつ、常時使用従業員数が1000人以上または常時使用従業員数が2000人以上で、前年度が黒字の場合）：当期の減価償却費の40％以下 適用期限：2024年4月1日から2027年3月31日までに開始する事業年度。	2024年4月1日から2027年3月31日までに開始する事業年度
3	法人税	戦略分野国内生産促進税制の創設	新設	産業競争力基盤強化商品（仮称）※を対象として生産・販売量に応じた減税を行う措置を創設する。 ※産業競争力基盤強化商品（仮称）とは、半導体、電動車、鉄鋼（グリーンスチール）、基礎化学品（グリーンケミカル）、航空機燃料（SAF）をいう ⑴適用対象者および要件 　①青色申告書を提出する法人 　②産業競争力強化法の一定の要件を満たす認定事業適応事業者 　③産業競争力基盤強化商品生産用資産（仮称）の取得等をし、国内にある事業の用に供すること ⑵対象期間 　産業競争力強化法の事業適応計画の認定※の日以後10年以内の日を含む各事業年度 　※産業競争力強化法の改正法の施行日から2027年3月31日までの間に産業競争力強化法の事業適応計画の認定を受ける必要がある。 ⑶税額控除額 　①と②のうちいずれか少ない金額 　①産業競争力基盤強化商品生産用資産（仮称）により生産された産業競争力基盤強化商品（仮称）のうちその事業年度の対象期間において販売されたものの数量等に応じた金額 　②産業競争力基盤強化商品生産用資産（仮称）の取得価額を基礎とした金額（既に本制度の税額控除の対象となった金額を除く） （注1）デジタルトランスフォーメーション投資促進税制の控除税額およびカーボンニュートラルに向けた投資促進税制の税額控除の合計で当期の法人税額の40％（半導体生産用資産にあっては20％）を上限とし、控除限度超過額は4年間（半導体生産用資産にあっては3年間）の繰越しができる。 （注2）次のイからハの要件全てに該当する場合、当該年度について税額控除を適用しない（繰越控除を除く）。 　イ　所得金額：対前年度比増加 　ロ　継続雇用者給与等支給総額：対前年度増加率1％未満 　ハ　国内設備投資額：当期の減価償却費の40％以下	産業競争力強化法の事業適応計画の認定の日以後10年以内の日を含む各事業年度
4	法人税	イノベーションボックス税制の創設	新設	国内で自ら研究開発した知的財産権から生じる所得に対して優遇する税制を創設する。 ⑴適用対象者および要件 　①青色申告書を提出する法人 　②2025年4月1日から2032年3月31日までの間に開始する各事業年度において特許権譲渡等取引を行うこと ⑵損金算入額 　次の①と②のうちいずれか少ない金額の30％に相当する金額を損金算入することができる。 　①対象所得：特許権譲渡等取引ごとに、次の算式で計算した金額を合計した金額	2025年4月1日から2032年3月31日までの間に開始する各事業年度

	税目	項目	改正前	改正後	適用時期
4	法人税	イノベーションボックス税制の創設		$\dfrac{(イ)\ 特許権譲渡等取引に係る所得の金額 \times (ロ)当期および前期以前（2025年4月1日以後に開始する事業年度に限る）のその特許権譲渡等取引に係る特定特許権等に直接関連する研究開発に係る金額の合計額}{(ハ)(ロ)の金額に含まれる適格研究開発費の額の合計額}$ ／ ②当期の所得金額	2025年4月1日から2032年3月31日までの間に開始する各事業年度
5	法人税・所得税	研究開発税制の税額控除制度の見直し（所得税も同様）	〈研究開発税制の概要〉 (1)対象となる試験研究費 　①製品の製造または技術の改良、考案もしくは発明に係る試験研究のために要する費用で一定のもの 　②新サービス研究として行われる場合のその試験研究のために要する一定の費用 (2)税額控除 　税額控除額＝①総額型（一般試験研究費）※＋②オープンイノベーション型 　※総額型（一般試験研究費） 　税額控除率：試験研究費の増減に応じ1～14%（中小法人12～17%）	(1)対象となる試験研究費 　試験研究の額から、内国法人の国外事業所等を通じて行う事業に係る試験研究費の額を除外する。 (2)税額控除 　一般試験研究費の額に係る税額控除制度について、2026年4月1日以後に開始する事業年度で増減試験研究費割合がゼロに満たない事業年度につき、税額控除率を次のとおり見直す（段階的に逓減させる）とともに、税額控除率の下限（現行1%）を撤廃する。 　イ　2026年4月1日から2029年3月31日までの間に開始する事業年度 　　8.5%＋増減試験研究費割合×30分の8.5 　ロ　2029年4月1日から2031年3月31日までの間に開始する事業年度 　　8.5%＋増減試験研究費割合×27.5分の8.5 　ハ　2031年4月1日以後に開始する事業年度 　　8.5%＋増減試験研究費割合×25分の8.5	－
6	法人税	第三者保有の暗号資産の期末時価評価課税に係る見直し	内国法人が有する暗号資産（一定の自己発行の暗号資産を除く）のうち活発な市場が存在するものについては期末に時価評価し、評価損益は課税の対象とされている。	法人が有する暗号資産で、次の要件を満たす暗号資産は、期末時価評価課税の対象外（原価法と時価法の選択）とする。 　①他の者に移転できないようにする技術的措置がとられていること等の暗号資産の譲渡についての一定の制限が付されていること。 　②上記①の制限が付されていることを認定資金決済事業者協会において公表させるため、その暗号資産を有する者等が上記①の制限が付されている旨の暗号資産交換業者に対する通知をしていること。	－
7	法人税	オープンイノベーション促進税制の延長	事業会社が、2020年4月1日から2024年3月31日までの間に、①一定のベンチャー企業の株式を出資の払込みにより取得または②M&Aによる発行済株式を取得（②は2023年4月1日以後）した場合は、その株式の取得価額の25%相当額の所得控除を認める。	適用期限を2年（2026年3月31日まで）延長する。	2026年3月31日までの株式の取得
8		中小企業事業再編投資損失準備金制度の延長及び拡充	(1)M&A実施時 　M&Aに関する経営力向上計画の認定を受けた中小企業が、株式譲渡によるM&Aを行う場合に、株式の取得価額の70%以下の金額を中小企業事業再編投資損失準備金として積立てたときは、当該積立金額を損金算入可能とする。 (2)据置期間（5年間）後 　据置期間後の5年間にかけて均等額で準備金を取り崩し、当該取崩金額を益金算入する。 (3)計画の認定期限 　2024年3月31日までに事業承継等事前調査に関する事項が記載され中小企業等経営強化法に基づく経営力向上計画の認定を受けたもの。	中堅・中小企業が、複数の中小企業を子会社化し、グループ一体となって成長していくことを後押しするため、複数回のM&Aを実施する場合には、積立率を現行制度の70%から、2回目には90%、3回目以降は100%に拡充し、据置期間を現行制度の5年から10年に延長する措置を加える。この措置は、産業競争力強化法の改正法の施行日から2027年3月31日までの間に産業競争力強化法の特別事業再編計画（仮称）の認定を受ける必要がある。 現行制度の計画の認定期限を3年（2027年3月31日まで）延長する。	2027年3月31日までの計画認定

	税目	項目	改正前	改正後	適用時期
9	法人税	交際費等の損金不算入制度の延長等	(1)交際費等の範囲から除外 　１人当たり5000円以下の飲食費（社内飲食費を除く）で一定の要件を満たすもの。 (2)中小法人 　次の①と②いずれかの選択適用 　①交際費等の額のうち、800万円以下を全額損金算入 　②交際費等の額のうち、接待飲食費の50%を損金算入^(注) (3)中小法人以外 　①交際費等の額のうち、接待飲食費の50%を損金算入^(注) 　②その他の交際費等は全額損金不算入 （注）接待飲食費に係る損金算入の特例は、資本金の額等が100億円超の法人を除外する。 (4)適用期限：上記(2)と(3)は2024年３月31日までに開始する事業年度。	(1)交際費等の範囲から除外 　１人当たり10000円以下の飲食費（社内飲食費を除く）で一定の要件を満たすもの。 左記(2)と(3)の適用期限を３年（2027年３月31日まで）延長する。	(1)は2024年４月１日以後に支出する飲食費から (2)(3)は2027年３月31日までに開始する事業年度
10	法人事業税	外形標準課税の見直し	〈外形標準課税の概要〉 (1)対象法人 　資本の金額または出資金額が１億円を超える法人（公共法人等、特別法人、人格のない社団等、みなし課税法人、投資法人、特定目的会社、一般社団法人および一般財団法人を除く）。 (2)課税標準 　対象法人に対し、所得割、付加価値割および資本割の合算額に対し法人事業税を課する。それぞれの課税標準は次のとおり。 　イ　所得割：各事業年度の所得 　ロ　付加価値割：各事業年度の収益配分額[※]±単年度損益 　　※収益配分額＝報酬給与額＋純支払利子＋純支払賃借料 　ハ　資本割：各事業年度終了の日における資本等の額	(1)減資への対応 　①外形標準課税の対象法人について、改正前の基準（資本金１億円超）を維持する。 　②ただし、当分の間、前事業年度に外形標準課税の対象であった法人であって、当該事業年度に資本金１億円以下で、資本金と資本剰余金の合計額が10億円を超えるものは、外形標準課税の対象とする。 　③公布日前に外形標準課税の対象であった法人が、「駆け込み」で施行日以後最初に開始する事業年度の前事業年度の末日までの間に資本金１億円以下となった場合であって、施行日以後最初に開始する事業年度の末日に資本金と資本剰余金の合計額が10億円を超える場合は、外形標準課税の対象とする等の所要の措置を講ずる。 　④2025年４月１日に施行し、同日以後に開始する事業年度から適用する。 (2)100%子会社等への対応 　①資本金と資本剰余金の合計額が50億円を超える法人^(注1)または相互会社・外国相互会社（以下「特定法人」という）の100%子法人等^(注2)のうち、当該事業年度末日の資本金が１億円以下で、資本金と資本剰余金（公布日以後に、当該100%法人等がその100%親法人等に対して資本剰余金から配当を行った場合は、当該配当に相当する額を加算した金額）の合計額が２億円を超えるものは、外形標準課税の対象とする。 （注１）当該法人が非課税または所得割のみで課税される法人等である場合を除く。 （注２） ●特定法人との間に当該特定法人による法人税法に規定する完全支配関係がある法人 ●100%グループ内の複数の特定法人に発行済株式等の全部を保有されている法人 　②産業競争力強化法の改正法の特別事業再編計画（仮称）に基づいて行われるM&Aにより100%子会社となった法人（当該計画の認定を受けた者が当該計画の認定を受ける前5年以内に買収した法人を含む）について、５年間、外形標準課税の対象外とする特例措置を設ける。 　③上記改正により、新たに外形標準課税の対象となる法人について、外形標準課税の対象と	(1)は2025年４月１日に施行し、同日以後に開始する事業年度から適用

	税目	項目	改正前	改正後	適用時期
10	法人事業税	外形標準課税の見直し		なったことにより、改正前の課税方式で計算した税額を超えることとなる額を、次のとおり、軽減する措置を講ずる。 ●2026年4月1日から2027年3月31日までの間に開始する事業年度：当該超える額の3分の2を軽減 ●2027年4月1日から2028年3月31日までの間に開始する事業年度：当該超える額の3分の1を軽減 ④2026年4月1日に施行し、同日以後に開始する事業年度から適用する。	(2)は2026年4月1日に施行し、同日以後に開始する事業年度から適用
11	法人税	中小企業者等以外の法人の欠損金の繰戻しによる還付の不適用措置の延長	中小企業者等以外の法人の欠損金の繰戻しによる還付は、解散等の事実が生じている場合を除き、原則として不適用とする。 (注) 対象から銀行等保有株式取得機構の欠損金額を除外する。 適用期限：2024年3月31日までに終了する事業年度。	適用期限を2年（2026年3月31日まで）延長する。	2026年3月31日までに終了する事業年度
12	法人税・所得税	少額減価償却資産の取得価額の損金算入制度の延長等（所得税も同様）	下表の適用が受けられる資産から貸付け（主要な事業として行われるものを除く）の用に供した資産を除く。 （注1）常時使用する従業員の数が500人以下の企業者に限られる。 （注2）年間合計額300万円に達するまで。	左記の表①の措置について、電子申告義務化対象法人（資本金の額等が1億円超の法人）のうち、常時使用する従業員の数が300人を超えるものを除外した上、その適用期限を2年（2026年3月31日まで）延長する。 　所得税は適用期限のみ2年（2026年3月31日まで）延長する。	取得価額30万円未満の全額損金算入制度は2026年3月31日までに取得した資産

（表12改正前内）

	対象者	取得価額	償却方法	適用期限
①	中小企業者等(注1)	30万円未満(注2)	全額損金算入	2024年3月31日までに取得した資産
②	全ての企業	20万円未満	3年で均等償却	—
③		10万円未満	全額損金算入	—

消費課税

	税目	項目	改正前	改正後	適用時期
1	消費税	プラットフォーム課税の導入	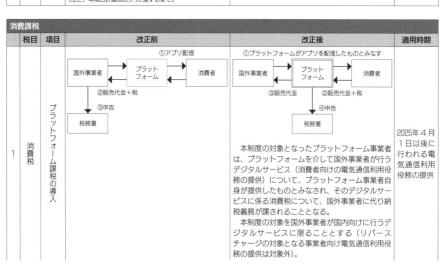	本制度の対象となったプラットフォーム事業者は、プラットフォームを介して国外事業者が行うデジタルサービス（消費者向けの電気通信利用役務の提供）について、プラットフォーム事業者自身が提供したものとみなされ、そのデジタルサービスに係る消費税について、国外事業者に代り納税義務が課されることとなる。 　本制度の対象を国外事業者が国内向けに行うデジタルサービスに限ることとする（リバースチャージの対象となる事業者向け電気通信利用役務の提供は対象外）。	2025年4月1日以後に行われる電気通信利用役務の提供

	税目	項目	改正前	改正後	適用時期
1		プラットフォーム課税の導入		国外事業者が自身のプラットフォームを介して行うデジタルサービスの取引高が50億円を超えるプラットフォーム事業者を対象とする。	
2		事業者免税点制度の特例の見直し等	国外事業者に係る	(1)事業者免税点制度の特例 **特例の対象（課税事業者）となる場合** 特定期間の特例：特定期間における国内の課税売上高が1000万円超、かつ、給与（居住者分）の合計額が1000万円超の場合 新設法人の特例：資本金等が1000万円以上の法人である場合（基準期間がない課税期間が対象） 特定新規設立法人の特例：国内の課税売上高が5億円超の法人等が設立した資本金等1000万円未満の法人等（基準期間がない課税期間が対象） (2)簡易課税制度 恒久的施設を有しない国外事業者であっても簡易課税制度を適用できる。	(1)事業者免税点制度の特例 **特例の対象（課税事業者）となる場合** 特定期間の特例：国外事業者については、給与（居住者分）の合計額による判定を除外する 新設法人の特例：外国法人は基準期間を有する場合であっても、国内における事業の開始時の資本金等により本特例の判定をする 特定新規設立法人の特例：全世界における収入金額が50億円超の法人等が資本金等1000万円未満の法人を設立した場合も対象に加える (2)簡易課税制度 恒久的施設を有しない国外事業者については、簡易課税制度の適用を認めないこととする。 適格請求書発行事業者となる小規模事業者に対する負担軽減措置（いわゆる2割特例）の適用についても同様とする。	2024年10月1日以後に開始する課税期間
3	消費税	高額特定資産を取得して仕入税額控除の適用を受けた場合は、その後の2年間、事業者免税点制度および簡易課税制度の適用を受けられないこととする特例が設けられている。 （注）1 取引単位につきその税抜対価の額が1000万円以上の棚卸資産または調整対象固定資産（建物およびその付属設備、構築物、機械および装置、船舶、航空機、車両および運搬具、工具、器具および備品、鉱業権その他の資産）をいう。	納税義務の免除の特例の見直し	高額特定資産を取得して仕入税額控除の適用を受けた場合は、その後の2年間、事業者免税点制度および簡易課税制度の適用を受けられないこととする特例が設けられている。 （注）1 取引単位につきその税抜対価の額が1000万円以上の棚卸資産または調整対象固定資産（建物およびその付属設備、構築物、機械および装置、船舶、航空機、車両および運搬具、工具、器具および備品、鉱業権その他の資産）をいう。	対象となる高額特定資産にその課税期間中に取得した金または白金の地金等の合計額が200万円以上である場合を加える。	2024年4月1日以後に国内において事業者が行う課税仕入れ等
4		外国人旅行者向け免税制度に係る仕入税額控除制度の見直し	免税購入された物品と知りながら行った課税仕入れであっても、仕入税額控除制度の適用が可能となっている。	免税購入された物品と知りながら行った課税仕入れについては、仕入税額控除制度の適用を認めないこととする。	2024年4月1日以後に国内において事業者が行う課税仕入れ
5		適格請求書発行事業者以外の者からの仕入れに係る経過措置の見直し	インボイス制度導入後6年間、適格請求書発行事業者以外の者からの課税仕入れについて、一定割合の仕入税額控除を認める。 ①2023年10月1日から2026年9月30日まで：8割控除 ②2026年10月1日から2029年9月30日まで：5割控除	一の適格請求書発行事業者以外の者からの課税仕入れの合計額が、1年間で10億円を超える場合には、その超えた部分の課税仕入れについて、インボイス制度導入に伴う8割控除・5割控除の経過措置の適用を認めないこととする。	2024年10月1日以後に開始する課税期間
6		消費税に係る帳簿の記載事項の見直し等	(1)仕入税額控除に係る帳簿の記載事項 一定の取引については帳簿に①課税仕入れの相手方の住所・所在地と②特例対象である旨の記載をすることで、請求書等の保存がなくても仕入税額控除を可能とする特例が設けられている。	(1)仕入税額控除に係る帳簿の記載事項 本特例の対象となる自動販売機および自動サービス機による課税仕入れならびに使用の際に証票が回収される課税仕入れ（3万円未満のものに限る）については、①の住所・所在地の記載を不要とする。 なお、2023年10月1日以後に行われる上記の課	2023年10月1日以後に行う課税仕入れ

191

税目	項目	改正前	改正後	適用時期
6	消費税	消費税に係る帳簿の記載事項の見直し等	(2)簡易課税適用者が税抜経理方式を採用する場合における経理処理方法 　免税事業者等の適格請求書発行事業者以外の者からの仕入については、原則、仮払消費税等は生じない。	税仕入れに係る帳簿への住所等の記載については、運用上、記載がなくとも改めて求めないものとする。 (2)簡易課税適用者が税抜経理方式を採用する場合における経理処理方法 　簡易課税制度を適用する事業者が、税抜経理方式を適用した場合の仮払消費税等として計上する金額につき、継続適用を条件として支払い対価の額に110分の10（108分の8）を乗じた金額とすることが認められることを明確化するほか、消費税に係る経理処理方法について所要の見直しを行う。 　適格請求書発行事業者となる小規模事業者に対する負担軽減措置（いわゆる２割特例）の適用についても同様とする。	2023年10月1日以後に行う課税仕入れ

国際課税

税目	項目	改正前	改正後	適用時期
1	法人税	グローバル・ミニマム課税の見直し	年間連結総収入金額が7.5億ユーロ（約1200億円）以上の多国籍企業が対象。一定の適用除外を除く所得について各国ごとに最低税率15%以上の課税を確保する仕組み。 　2024年4月1日以後に開始する対象会計年度から適用する。 (1)所得合算ルール（IIR） 　子会社等の税負担が最低税率15%に至るまで親会社に追加課税。 	(1)所得合算ルール（IIR） 　OECDによるガイダンスや国際的な議論等を踏まえた制度の明確化等の観点から所要の見直しを行う。 (2)軽課税所得ルール（UTPR） 　親会社等の税負担が最低税率15%に至るまで子会社等に追加課税。 (3)国内ミニマム課税（QDMTT） 　自国に所在する企業の税負担が最低税率15%に至るまで自国企業に追加課税。日本でQDMTTが課税された場合、他国IIR・UTPRによる追加課税は行われない。 	(1)は記載なし (2)(3)は2025年度税制改正以降の法制化を検討

納税環境整備

税目	項目	改正前	改正後	適用時期
1	国税通則法	隠蔽・仮装された事実に基づき更正の請求書を提出した場合の重加算制度の整備	隠蔽・仮装に基づき納税申告書を提出したとき等は、重加算税（35%または40%）を賦課することができる。 　他方、申告後に隠蔽・仮装したところに基づき更正の請求書を提出した場合は、重加算税を賦課することができない（過少申告加算税（原則10%）または無申告加算税（原則15%）が賦課される）。	重加算税の適用対象に隠蔽・仮装したところに基づき更正の請求書を提出した場合を加える。 　上記の隠蔽・仮装したところに基づき更正の請求書を提出した場合について、延滞税の除算期間が適用されないことを明確化する運用上の対応を行う。	2025年1月1日以後に法定申告期限等が到来する国税

	税目	項目	改正前	改正後	適用時期
検討事項					
1	所得税	子育て世帯に対する生命保険料控除の拡充	2012年1月1日以後に締結した契約について、所得税は2012年分から、個人住民税は2013年度分から適用する。 区分 / 控除限度額（所得税・個人住民税） 一般生命保険料控除：4万円／2万8000円 介護医療保険料控除：4万円／2万8000円 個人年金保険料控除：4万円／2万8000円 合計：12万円／7万円	(1)所得税 区分 / 控除限度額 一般生命保険料控除：23歳未満の扶養親族あり：6万円　23歳未満の扶養親族なし：4万円 介護医療保険料控除：4万円 個人年金保険料控除：4万円 合計：12万円 ※一時払生命保険については、生命保険料控除の適用対象から除外する。 (2)個人住民税 記載なし	2025年度税制改正で結論を得る
2	所得税・個人住民税	扶養控除の縮小	扶養親族の種類 / 所得税 / 個人住民税 一般扶養親族 16歳未満：控除なし／控除なし 16～18歳：38万円／33万円 特定扶養親族 19～22歳：63万円／45万円 一般扶養親族 23～69歳：38万円／33万円 老人扶養親族 70歳以上 同居老親以外：48万円／38万円 同居老親：58万円／45万円	扶養親族の種類 / 所得税 / 個人住民税 一般扶養親族 16歳未満：控除なし／控除なし 16～18歳：25万円／12万円 特定扶養親族 19～22歳：63万円／45万円 一般扶養親族 23～69歳：38万円／33万円 老人扶養親族 70歳以上 同居老親以外：48万円／38万円 同居老親：58万円／45万円	2025年度税制改正で結論を得る 所得税2026年分以降 個人住民税2027年度分以降
3		ひとり親控除の拡充	(1)適用要件 ①生計を一にする子（総所得金額等の合計額が48万円以下に限る）を有すること ②合計所得金額500万円以下であること ③住民票の続柄に「夫（未届）」「妻（未届）」の記載がされた者でないこと (2)控除額 所得税：35万円 個人住民税：30万円	(1)適用要件 合計所得金額要件を1000万円以下に引き上げる。 (2)控除額 所得税：38万円 個人住民税：33万円	
4	法人税・所得税・たばこ税	防衛力強化に係る財源確保のための税制措置	〈2023年度税制改正大綱〉 　わが国の防衛力の抜本的な強化を行うに当たり、歳出・歳入両面から安定的な財源を確保する。税制部分については、2027年度に向けて複数年かけて段階的に実施することとし、2027年度において、1兆円強を確保する。具体的には、法人税、所得税およびたばこ税について、以下の措置を講ずる。 (1)法人税 　法人税額に対し税率4～4.5％の新たな付加税を課す。中小法人は課税標準となる法人税額から500万円を控除することとする。 (2)所得税 　所得税額に対し、当分の間、税率1％の新たな付加税を課す。復興特別所得税の税率を1％引き下げる（従って、1.1％となる）とともに、課税期間を延長する。 (3)たばこ税 　3円／1本相当の引上げを段階的に実施する。 (4)実施時期 　2024年以降の適切な時期とする。	たばこ税については、加熱式たばこと紙巻たばことの間で税負担の不公平が生じている。同種・同等のものには同様の負担を求める消費課税の基本的考え方に沿って税負担差を解消することとし、この課税の適正化による増収を防衛財源に活用する。その上で、国税のたばこ税率を引き上げることとし、課税の適正化による増収と合わせて、3円／1本相当の財源を確保することとする。 　2023年度税制改正大綱および上記の基本的方向性により検討を加え、その結果に基づいて適当な時期に必要な法制上の措置を講ずる趣旨を2024年度の税制改正に関する法律の付則において明らかにするものとする。	2024年度税制改正に関する法律の付則で明らかにする

語句索引

memo

memo